现代公共文化服务体系建设与群众文化工作创新发展研究

常　城／著

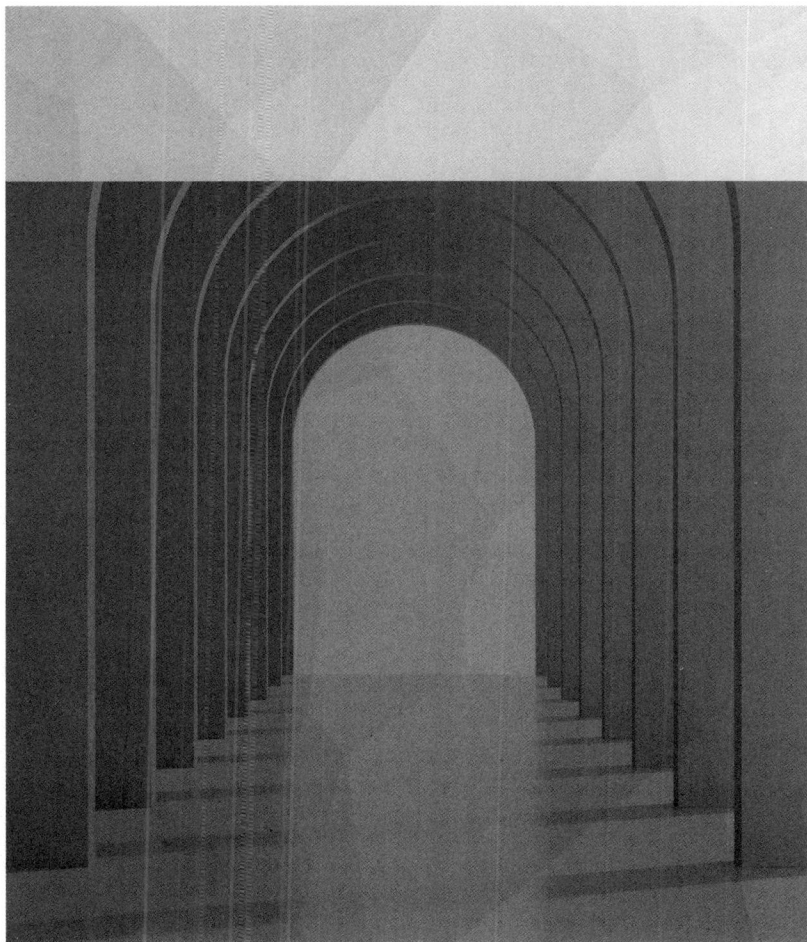

辽宁人民出版社

图书在版编目（CIP）数据

现代公共文化服务体系建设与群众文化工作创新发展研究／常城著 . -- 沈阳：辽宁人民出版社，2024 . 12.

ISBN 978-7-205-11270-7

Ⅰ . G123

中国国家版本馆 CIP 数据核字第 2024KW6925 号

出版发行：辽宁人民出版社

　　　　　地址：沈阳市和平区十一纬路 25 号　邮编：110003

　　　　　电话：024-23284191（发行部）　024-23284304（办公室）

　　　　　http：//www.lnpph.com.cn

印　　刷：天津光之彩印刷有限公司

幅面尺寸：170mm×240mm

印　　张：10.5

字　　数：110 千字

出版时间：2024 年 12 月第 1 版

印刷时间：2024 年 12 月第 1 次印刷

责任编辑：孙姼娇

装帧设计：一诺设计

责任校对：吴艳杰

书　　号：ISBN 978-7-205-11270-7

定　　价：56.00 元

前　言

　　作为一本深入探讨现代公共文化服务体系建设和群众文化工作创新的书籍，本书主要涵盖了两个核心主题：一是现代公共文化服务体系的建设；二是群众文化工作的创新。本书从宏观和微观两个层面深入分析了这两个主题之间的联系和互动。首先，关于现代公共文化服务体系的建设，本书详细阐述了其基本理念、发展历程、主要内容以及面临的挑战。书中强调了公共文化服务体系在社会发展中的重要地位，它是保障公民基本文化权益、促进社会公平正义的重要手段。其次，关于群众文化工作的创新，本书从多个角度探讨了如何通过创新来提升群众文化工作的质量和效果。书中分析了当前群众文化工作的现状和问题，提出了新的思路和方法，如数字化、智能化、网络化等，以适应时代的发展和群众的需求。总的来说，本书不仅提供了丰富的理论指导，还提供了许多实际操作的案例和经验，对于从事公共文化服务工作和群众文化工作的人来说，是一本非常有参考价值的书籍。

现代公共文化服务体系建设与群众文化工作创新发展研究

目　录

现代公共文化服务体系建设与群众文化工作创新发展研究

第一章

绪　论

一、研究背景和意义

随着社会经济的不断发展，人民群众对精神文化生活的需求日益增长，对公共文化服务的要求也日益提高。现代公共文化服务体系的建设，不仅是满足人民群众日益增长的精神文化需求的重要途径，也是推动社会主义文化繁荣兴盛、建设社会主义文化强国的必然要求。同时，随着科技的进步和时代的变迁，传统的群众文化工作面临着新的挑战和机遇，需要不断地创新和发展。因此，研究现代公共文化服务体系的建设与群众文化工作的创新，具有重要的理论价值和现实意义。在理论层面，研究现代公共文化服务体系的建设，有助于我们深入理解社会主义文化建设的规律，把握新时代文化发展的新趋势、新特点，为构建中国特色社会主义文化理论体系提供有力支撑。同时，研究群众文化工作的创新，有助于我们深入了解人民群众的文化需求，探索符合时代要求、贴近群众生活的文化服务模式，为提升公共文化服务的质量和效益提供理论指导。在实践层面，研究现代公共文化服务体系的建设与群众文化工作的创新，有助于我们更好地满足人民群众的精神文化需求，提高人民群众的文化素质和生活品质。同时，也有助于推动文化产业的繁荣发展，增强国家的文化软实力和国际竞争力。此外，通过创新群众文化工作，还可以促进社会主义核心价值观的广泛传播和实践，推动形成全社会共同的精神追求和行为准则。研究现代公共文化服务体系的建设与群众文化工作的创新，不仅具有重要的理论价值，也具有深远的实践意义。本研究旨在深入探讨现代公共文化服务体系建设的路径和策略，分析群众文化工作创新的现状和问题，提出相应的对策和建议，以期为推动我国公共文化服务体系建设和文化事业繁荣发展贡献智慧和力量。

二、研究方法和路径

本研究采用多种研究方法相结合的方式进行，以确保研究的全面性和深入性。第一，文献研究法。该方法系统梳理国内外关于现代公共文化服务体系建设和群众文化工作创新的相关理论和实践成果，为本研究提供坚实的理论基础和参考依据。第二，实证研究法。该方法通过问卷调查、访谈、观察等方式，深入了解人民群众对公共文化服务的需求和满意度以及群众文化工作的现状和问题。第三，案例分析法。该方法选取具有代表性的公共文化服务项目和群众文化工作实践案例进行深入剖析，以揭示其成功经验和存在问题。在路径选择上，本研究遵循"提出问题—分析问题—解决问题"的逻辑思路进行。首先，明确现代公共文化服务体系建设和群众文化工作创新的重要性和紧迫性，提出研究的核心问题。其次，通过理论分析和实证研究，深入剖析现代公共文化服务体系建设的现状和问题以及群众文化工作创新的现状和挑战。最后，结合实际情况和理论研究成果，提出针对性的对策和建议，为我国现代公共文化服务体系建设和群众文化工作创新提供有益参考。

在具体实施上，本研究分为以下几个步骤：第一步，明确研究目标和问题，制定详细的研究计划和方案；第二步，进行文献资料的收集、整理和分析，为实证研究提供理论支撑；第三步，开展实证调查和研究，收集一手数据和信息；第四步，对收集到的数据和信息进行深入分析和处理，揭示现代公共文化服务体系建设和群众文化工作创新的现状和问题；第五步，结合理论分析和实证研究结果，提出对策和建议；第六步，撰写研究报告和论文，总结研究成果和经验教训。通过以上研究方法和路径的选择与实施，本研究旨在全面、深入地探讨现代公共文化服务体系建设的路径和策略以及群众文化工作创新的现状和问题，并提出具有针对性的对策和建议。同时，本研究也期望能够为相关领域的研究和实践提供有益的参考和借鉴。后续章节将围绕现代公共文化服务体系建设的具体路径、策略以及群众文化工作创新的现状、问题和对策展开详细论述。

第二章

现代公共文化服务体系概述

一、基本理念

现代公共文化服务体系的基本理念包括均等化、标准化和便利化。这些理念的核心目标是确保公共文化服务能够覆盖到所有公民，满足他们对文化的基本需求，提高全民族的精神文化素质。均等化是指公共文化服务应该面向全体公民，无论其年龄、性别、地域或身份，都应享有平等的文化权利。政府和社会应提供充足的文化资源，确保每个人都能接触并参与丰富多样的文化活动，实现文化权益的均等化。这就意味着公共文化服务体系要消除各种不公平因素，让所有人都能在文化领域享有平等的机会和权益。例如，对于边远地区的公民，政府应提供更多的资源和支持，确保他们能够享受到与其他地区公民相同的文化服务。标准化是指公共文化服务的质量和水平应该符合国家的相关标准和要求。公共机构和文化场所应提供符合规定的文化服务，确保服务内容、方式和设施的质量达到一定的标准，满足公民的基本文化需求。标准化不仅有助于提升公共文化服务的质量，也有助于确保服务的公正性和可持续性。例如，政府可以制定统一的文化服务标准，对公共机构和文化场所进行评估和认证，确保其提供的服务达到一定的质量要求。便利化是指公共文化服务应该便捷、高效，方便公民获取和使用。公共文化服务体系应注重服务渠道和服务方式的创新，充分利用现代科技手段，提供线上线下相结合的文化服务方式，为公民提供更加便利、快捷的文化体验。便利化的目标是降低文化服务的门槛，让更多的公民能够轻松地享受到丰富的精神文化生活。例如，政府可以建立一站式文化服务平台，集成各类文化资源和服务，方便公民在线浏览、预约和参与文化活动。

在实际运作中，均等化、标准化和便利化三者相互关联、相互促进。均等化是基础，要求公共文化服务体系消除不公平因素，让所有人都能享受到文化权益。标准化是保障，确保公共文化服务的质量和水平达到一定标准，满足公民的基本文化需求。便利化是手段，通过创新服务渠道和服务方式，提高公共文化服务的可获取性和便捷性。现代公共文化服务体系的建设是一项系统工程，需要政府、社会和公民共同努力。政府应承担主导责任，制定相关政策和规划，提供资金和资源支持。公共机构和文化场所应履行职责，提供高质量的文化服务。社会组织和公民个体应积极参与，发挥自身优势，共同推动公共文化服务体系建设。此外，现代公共文化服务体系还应注重可持续发展。这意味着在提供文化服务的同时，要关注文化资源的保护和友好。公共文化服务体系应采用绿色、低碳的服务方式，减少对环境的负面影响。同时，要注重文化服务的长期运行和维护，确保文化设施的正常使用和文化活动的持续开展。现代公共文化服务体系的基本理念包括均等化、标准化和便利化。这些理念的核心目标是确保公共文化服务能够覆盖到所有公民，满足他们对文化的基本需求，提高全民族的精神文化素质。通过均等化、标准化和便利化的措施，公共文化服务能够更好地满足公民对文化的需求，促进社会的全面发展和进步。在实际运作中，政府、社会和公民共同努力，推动公共文化服务体系建设，为公民提供丰富、高质量、便捷的文化服务。同时，注重文化服务的可持续发展和环境友好，确保公共文化服务的长远发展。

在现代社会中，公共文化服务体系的建设与发展已经成为衡量一个国家或地区文化软实力的重要指标。而在这个体系中，以人民为中心的服务理念则是引领其前行的核心思想。这种理念强调，公共文化服务的出发点和落脚点都应当是满足人民群众日益增长的精神文化需求，确保人民群众能够享受到丰富、多样、高质量的文化产品和服务。以人民为中心的服务理念，要求公共文化服务体系的构建必须紧密结合人民群众的实际需求。这包括了解人民群众的文化偏好、审美习惯和消费能力，根据这些信息来规划和设计文化服务的内容和形式。同时，这种理念也强调公共文化服务的普遍性和均等性，即无论城乡、贫富、年龄、性别，每个人都应当能够平等地享受到基本的文化权益。为了实现以人民为中心的服务理念，公共文化服务体系的构建还需要注重服务的便捷性和可及性。这意味着要完善公共文化设施网络，确保设施布局合理、功能完善，方便人民群众就近就便参与文化活动。同时，还需要加强数字文化服务建设，利用现代信息技术手段，推动文化服务向数字化、网络化、智能化方向发展，让人民群众能够随时随地享受到便捷的文化服务。除了服务的普遍性和便捷性外，以人民为中心的服务理念还要求公共文化服务必须注重服务的质量和效果。这包括提高文化产品和服务的供给质量，推动文化创新，丰富文化服务形式和内容，以满足人民群众多样化、个性化的文化需求。同时，还需要建立健全公共文化服务评价机制，通过人民群众的反馈和评价来不断优化服务内容和方式，确保服务效果的最大化。在以人民为中心的服务理念指导下，现代公共文化服务体系的建设还需要注重与其他社会领域的协同发展。例如，可以与文化产业、旅游业等领域进行深度融合，推动文化产业发展和文化旅游融合发展，打造具有地方特色的文化品牌和文化产业链。同时，还可以与教育、科技等领域进行合作，共同推动文化服务的普及和提高人民群众的文化素质。以人民为中心的服务理念是现代公共文化服务体系建设的核心思想。它要求我们在构建公共文化服务体系时，必须紧密结合人民群众的实际需求，注重服务的普遍性、便捷性、质量和效果，并与其他社会领域进行协同发展。只有这样，我们才能真正实现让人民群众享受到丰富、多样、高质量的文化产品和服务的目标，推动现代公共文化服务体系的不断完善和发展。

随着科技的发展和互联网的普及，数字化、智能化和网络化正成为现代公共文化服务体系建设的重要特征和趋势。这一服务模式的引入，为公共文化服务的提供和管理带来了巨大的机遇和挑战。数字化服务是指利用数字技术和信息化手段，将文化资源、产品和服务转化为数字化形式进行传播和传递。通过数字化，可以将大量的文化资源数字化存储和管理，在互联网上实现无障碍的传播和共享。数字化服务不仅丰富了公共文化产品的形态和内容，提高了文化产品的普及度和覆盖面，还为人们提供了更多的文化消费选择。智能化服务是指利用人工智能、大数据、物联网等技术手段，提供智能化、个性化和定制化的文化服务。通过智能化技术，可以深入了解用户的需求和兴趣，为其提供精准的文化推荐和个性化的服务体验。智能化服务不仅提高了用户对文化的参与度和满意度，还加强了公共文化服务的针对性和有效性。网络化服务是指利用互联网、移动互联网等网络平台，实现公共文化服务的全面覆盖。通过网络化服务，人们可以在任何时间和地点获取文化资源和服务，打破了时间和空间的限制。网络化服务不仅增强了公共文化服务的便捷性和普及性，还促进了文化传承和交流的全球化。数字化、智能化和网络化的服务模式在现代公共文化服务体系建设中具有重要意义。首先，数字化、智能化和网络化服务模式拓宽了公共文化服务的渠道和形式，丰富了文化产品和服务的内容和形态。其次，数字化、智能化和网络化服务模式提高了公共文化服务的效率和质量，提升了公共文化服务的普及性和人性化。再次，数字化、智能化和网络化服务模式增强了公共文化服务的互动性和参与性，促进了公众的积极参与和共建共享。最后，数字化、智能化和网络化服务模式拓展了公共文化服务的辐射范围和影响力，促进了公共文化服务的全球化和文化软实力的提升。

数字化、智能化和网络化的服务模式也面临着一系列的问题和挑战。首先，数字化、智能化和网络化服务模式的推行需要大量的技术支持和投入，对公共文化机构的技术能力和人员素质提出了要求。其次，数字化、智能化和网络化服务模式的发展也存在着安全和隐私保护等问题，需要加强相关法规和标准的制定和实施。再次，数字化、智能化和网络化服务模式可能增加数字鸿沟和人员培训不足等问题，需要采取措施提高普及性和包容性。最后，数字化、智能化和网络化服务模式可能带来信息过载和虚假信息的问题，需要加强信息真实性和可靠性的管控。为了推进数字化、智能化和网络化服务模式，需要加强政府的引导和监管，加大对公共文化机构的支持和扶持。同时，需要提高公共文化机构的技术能力和人员素质，加强与互联网企业和技术机构的合作与交流。此外，还需要加强相关法规和标准的制定和实施，提高数字化、智能化和网络化服务模式的可持续发展能力。数字化、智能化和网络化的服务模式为现代公共文化服务体系建设带来了新的机遇和挑战。只有充分利用和发展数字化、智能化和网络化的服务模式，才能更好地满足人民群众对精神文化的需求，促进我国公共文化事业的繁荣发展。

二、发展历程

发展现代公共文化服务体系首先经历了一个起步阶段，这一阶段可以追溯到 20 世纪后期。在此阶段，各国开始意识到公共文化服务对社会发展和国民素质提升的重要性，并开始着手建设和完善相应的体系。起步阶段的现代公共文化服务体系建设是基于对人们文化需求的深入研究和对公共文化服务制度的改革和创新。各国政府开始加大对文化的投入，提供多样化的文化活动和资源，以满足不同群体的需求。同时，政府与社会组织、文化机构、学校等合作，共同推动公共文化服务的发展。在起步阶段，公共文化服务体系主要集中在城市地区，并逐渐延伸到农村地区。政府投资兴建了一批文化设施，如公共图书馆、博物馆、文化中心等，为公民提供读书、展览、演出和交流的场所。此外，政府也组织了各类文化活动，如艺术展览、音乐会、舞蹈表演等，丰富了公民的文化生活。这一阶段，公共文化服务体系的发展主要侧重于提供基础的文化设施和资源，为公民提供基本的文化服务。在起步阶段，现代科技的应用也开始渗入公共文化服务体系。政府利用互联网和数字技术，开展了线上文化服务，如数字图书馆、在线音乐和电影平台等，提供更加便捷和多样化的文化资源。公共文化服务的线上线下相结合成为一种主要的发展模式。起步阶段的现代公共文化服务体系建设在不同国家和地区存在差异。一些发达国家在文化政策制定和资源配置方面取得了显著成果，公共文化服务体系得到了较为全面和均衡的发展。而一些发展中国家则在资源有限和文化服务不平衡的挑战下，努力推进公共文化服务体系的建设。总的来说，起步阶段的现代公共文化服务体系建设是在对公共文化服务需求的认识和分析基础上，各国政府加大对文化的投入，提供基础的文化设施和资源，开展多样化的文化活动，同时充分利用现代科技手段，推动线上线下相结合的文化服务模式。这一阶段的发展为后续现代公共文化服务体系的完善奠定了基础。

在现代公共文化服务体系的发展历程中，第二个阶段——快速发展阶段尤为引人注目。这一阶段标志着公共文化服务从初步建设向全面优化和深化发展的跨越，呈现出前所未有的活力与创新力。在这一阶段，国家层面对公共文化服务的重视达到了前所未有的高度，不仅加大了资金投入和政策扶持力度，还通过一系列创新举措推动了公共文化服务的快速发展。在这一阶段，公共文化服务设施网络得到了快速拓展和完善。各级政府加大了对图书馆、博物馆、文化馆等公共文化设施的建设力度，不仅提升了设施的数量，还注重了设施的质量和功能。同时，通过优化布局和资源整合，形成了覆盖城乡的公共文化设施网络，为人民群众提供了更加便捷、高效的文化服务。在快速发展阶段，数字文化服务也取得了显著发展。借助现代信息技术手段，各级文化机构纷纷推出数字化服务平台和产品，如数字图书馆、数字博物馆等，让人民群众能够随时随地享受到丰富的文化资源。同时，通过大数据、云计算等技术的应用，还实现了对用户需求的精准分析和个性化推荐，提升了文化服务的针对性和实效性。除了设施建设和数字化转型外，快速发展阶段还注重了公共文化服务内容和形式的创新。各级政府和文化机构积极引入市场机制和社会力量参与公共文化服务供给，推出了形式多样、内容丰富的文化活动和文化产品。这些活动和产品不仅满足了人民群众的基本文化需求，还激发了他们的文化创造力和参与热情。此外，在快速发展阶段，公共文化服务的社会影响力也得到了显著提升。各级政府和文化机构通过举办各类文化活动、开展文化普及教育等方式，加强了文化与社会各领域的深度融合，推动了文化产业的快速发展和文化旅游的繁荣兴盛。这些举措不仅提升了公共文化服务的社会认知度和影响力，还为地方经济社会发展注入了新的活力和动力。现代公共文化服务体系的快速发展阶段是一个充满活力与创新的时期。在这一阶段，公共文化服务设施网络得到了快速拓展和完善，数字文化服务取得了显著提高，服务内容和形式不断创新，社会影响力也得到了显著提升。这些成果不仅为人民群众提供了更加优质、便捷的文化服务，也为现代公共文化服务体系的持续发展和完善奠定了坚实基础。展望未来，我们有理由相信，在各级政府和社会各界的共同努力下，现代公共文化服务体系将迎来更加美好的发展前景。

现代公共文化服务体系的发展历程的第三个阶段是创新发展阶段。创新发展阶段是近年来公共文化服务体系建设的重点和亮点。在创新发展阶段，公共文化服务体系注重创新和改革，不断探索新的发展路径和模式。这一阶段的特点是，公共文化服务体系不再是单一的、封闭的、自上而下的供给模式，而是多元化的、开放的、社会参与的供给模式。首先，创新发展阶段注重公共文化服务的多元化供给。政府不再是公共文化服务的唯一提供者，而是鼓励社会各界参与公共文化服务供给，形成多元化的供给格局。这包括鼓励社会资本进入公共文化服务领域，推动公共文化服务的社会化、市场化以及加强公共文化服务的跨界合作和资源整合。其次，创新发展阶段注重公共文化服务的开放性和包容性。公共文化服务不再局限于特定群体和地域，而是注重覆盖更广泛的人群和地区，促进公共文化服务的普及和均等化。这包括加强公共文化服务的信息化建设，提高公共文化服务的便捷性和覆盖面以及加强公共文化服务的宣传推广，提高群众对公共文化服务的认知度和参与度。再次，创新发展阶段注重公共文化服务的创新实践和探索。公共文化服务不再局限于传统的形式和内容，而是注重创新和变革，探索新的文化表达和传播方式。这包括加强数字文化、创意文化和传统文化的发展和传承，加强公共文化服务和科技手段的融合和创新以及加强公共文化服务和教育的融合和创新。创新发展阶段是现代公共文化服务体系建设的重要阶段，注重多元化、开放性和包容性，注重创新实践和探索。只有不断推进创新发展，才能更好地满足人民群众的精神文化需求，促进我国公共文化事业的繁荣发展。

三、主要内容与构成

现代公共文化服务体系的主要内容涵盖了文化设施建设、文化资源提供、文化活动组织、文化服务管理和科技创新应用等多个方面。这些内容共同构成了一个旨在满足公民文化需求、提高全民族精神文化素质的完整服务体系。文化设施建设是公共文化服务体系的基础。这包括公共图书馆、博物馆、文化馆、科技馆、美术馆等各种文化场馆的建设与完善。文化设施不仅要满足公民的基本文化需求，还要具有一定的规模和现代化水平，以提供舒适、便捷的文化体验。此外，文化设施的分布应均衡，既要考虑到城市地区，也要注重农村地区文化设施的建设，确保全体公民都能享受到文化服务。文化资源提供是公共文化服务体系的核心。这包括各类书籍、期刊、音像资料、数字化资源等的文化资源建设。政府和社会应投入资金和人力，采购和制作丰富的文化资源，满足公民的阅读、学习和娱乐需求。同时，文化资源的提供应注重多样性和包容性，涵盖不同年龄段、不同兴趣和不同文化背景的公民的需求。文化活动组织是公共文化服务体系的重要环节。文化机构应定期组织各类文化活动，如讲座、展览、演出、比赛等，激发公民的文化兴趣和参与热情。同时，文化活动应注重创新和多样化，提供不同形式和内容的文化体验，满足公民的个性化需求。文化服务管理是公共文化服务体系运行的关键。政府应建立健全文化服务体系的管理机制和规范，提高服务质量和效率。这包括对文化设施的管理和维护，对文化资源的整合与利用，对文化活动的策划与组织等方面的管理。同时，政府还应加强对公共文化服务体系建设的监督和评估，确保服务的公正性和有效性。科技创新应用是公共文化服务体系发展的推动力。现代科技手段的引入可以提高公共文化服务的便捷性和覆盖面。比如，政府可以利用互联网、移动应用等技术，建设线上文化服务平台，实现线上线下相结合的文化服务模式。同时，科技创新还可以促进文化资源的数字化和网络化，让公民能够随时随地获取和享受文化资源。现代公共文化服务体系的主要内容包括文化设施建设、文化资源提供、文化活动组织、文化服务管理和科技创新应用等多个方面。这些内容相互关联、相互促进，共同构成了一个完整的公共文化服务体系，旨在满足公民的文化需求，提高全民族的精神文化素质。

现代公共文化服务体系的构成要素丰富多样，涵盖了多个方面，以确保公众能够享受到全面、均衡的文化服务。这些要素相互关联、相互作用，共同构成了现代公共文化服务体系的框架和基础。第一，基础设施是公共文化服务体系的基石。这包括图书馆、博物馆、文化馆、剧院等公共文化设施，它们为公众提供了参与文化活动、欣赏艺术表演、获取知识信息的场所。这些设施的建设和运营对于提升公众文化素养、促进文化交流和传播具有重要意义。第二，服务内容是公共文化服务体系的核心。这包括各类文化产品、文化活动和文化服务，如图书阅读、展览展示、文艺演出、教育培训等。这些服务内容应该多样化、高质量，满足不同群体的文化需求，同时注重传承和创新，体现地方特色和文化多样性。第三，服务方式是现代公共文化服务体系的重要组成部分。随着科技的发展，数字化、网络化、智能化成为公共文化服务的新趋势。通过建设数字文化平台、推广移动阅读、开展在线教育培训等方式，可以让公众更加便捷地获取文化服务，提高文化服务的普及率和覆盖率。第四，保障机制是确保公共文化服务体系持续稳定运行的关键。这包括政策保障、资金保障、人才保障等方面。政府应该出台相关政策，加大对公共文化服务的投入和支持力度；同时，培养专业化的文化服务人才，提升服务质量和水平。第五，公众参与和反馈机制是现代公共文化服务体系不可或缺的一环。公众是文化服务的接受者和评价者，他们的参与和反馈对于优化服务内容、改进服务方式具有重要意义。通过建立公众参与平台、开展满意度调查等方式，可以及时了解公众的文化需求和服务评价，为公共文化服务体系的持续改进提供有力支持。现代公共文化服务体系的构成要素包括基础设施、服务内容、服务方式、保障机制和公众参与与反馈机制等方面。这些要素相互关联、相互作用，共同构成了现代公共文化服务体系的完整框架。通过不断完善和优化这些要素，我们可以推动现代公共文化服务体系向更高水平发展，满足人民群众日益增长的精神文化需求，为构建社会主义文化强国做出积极贡献。

四、面临的挑战与应对策略

现代公共文化服务体系在建设和发展过程中，面临着许多挑战和困难。其中，面临的挑战主要包括以下几个方面：第一，公共文化服务资源分配不均和不平衡问题仍然存在。地区之间、城乡之间、不同群体之间的文化资源分配不均衡，影响了公共文化服务的均等化和普及化。公共文化服务设施和服务水平不高，也制约了公共文化服务的提供和质量。第二，公共文化服务人才队伍建设不足。公共文化服务需要专业人才的支持和保障，但当前公共文化服务人才队伍建设存在人才短缺、素质不高、流动性大等问题，影响了公共文化服务的提供和质量。第三，公共文化服务管理和创新难度加大。随着公共文化服务体系建设的深入推进，管理和创新难度不断加大，需要加强政策引导和支持，加强资源整合和共享，加强信息化建设，加强宣传推广等方面的工作。第四，公众需求多样化与服务质量不高之间的矛盾。随着社会经济的发展和人民群众精神需求的不断提高，公众对公共文化服务的需求日益多样化。然而，当前公共文化服务质量还有待提高，不能完全满足公众的需求。这导致了公众对公共文化服务的满意度不高，影响了公共文化服务体系建设的效果。第五，数字技术与公共文化服务融合的挑战。随着数字技术的迅猛发展，如何将数字技术有效地融入公共文化服务，提高公共文化服务的质量和效率，成为公共文化服务体系面临的一大挑战。现代公共文化服务体系在建设和发展过程中面临着诸多挑战。解决这些挑战需要政府、公共文化服务机构和社会各界共同努力，加强政策引导和支持，加强资源整合和共享，加强信息化建设，加强宣传推广等方面的工作。只有这样，才能更好地满足人民群众的精神文化需求，促进我国公共文化事业的繁荣发展。

应对公共文化服务体系面临的挑战，需要政府、公共文化服务机构和社会各界共同努力，采取一系列应对策略。政府应该加大对地区、城乡和不同群体之间的文化资源分配的关注。加强对基层的公共文化服务设施的投资，提升其服务能力。在财政预算中增加文化支出的比例，确保公共文化服务资源的充足和均衡。建立文化资源共享的机制，将优质的文化资源在地区之间进行流动，提高全民共享文化服务的机会。加大对公共文化服务人才培养的投入，培养专业化、复合型的公共文化服务人才。设立相关的教育培训机构，提供专业知识和技能的培训，提高公共文化服务人员的素质水平。建立合理的人才引进机制，吸引更多有才华的人才从事公共文化服务工作。制定相关的政策和规定，明确公共文化服务的管理机制和创新方向。加强政府的政策引导和支持，为公共文化服务机构提供相应的扶持和便利。加强信息化建设，建立和完善公共文化服务的数据和信息平台，提高管理和服务的效率。鼓励公共文化服务机构进行创新，推动其提供更多元化和符合时代需求的服务。

政府和公共文化服务机构应该更加重视公众需求的调查和分析，了解公众对公共文化服务的真实需求。根据调查结果，制定相应的服务计划，提供多样化和个性化的公共文化服务。同时，加大投入，提升公共文化服务的质量，不断改进服务方式和手段，提高公众满意度。加强数字技术与公共文化服务的融合，提升公共文化服务的数字化水平。通过建设数字平台和开发相关应用程序，提供在线文化资源的浏览、借阅和交流服务。利用数字技术提供更加个性化和便捷的公共文化服务，满足公众的需求。应对公共文化服务体系面临的挑战需要政府、公共文化服务机构和社会各界共同努力。通过加大资源投入和均衡分配，加强人才队伍建设，提高管理和服务质量，满足公众需求，推进数字技术与公共文化服务的融合等一系列策略，才能更好地满足人民群众的精神文化需求，促进公共文化事业的繁荣发展。

第三章

公共文化服务体系建设的社会功能与价值

一、保障公民基本文化权益

公共文化服务体系建设作为国家文化发展的重要内容，承载着保障公民基本文化权益的重要使命。基本文化权利，是公民在文化领域享有的基本权利，包括公民接受文化教育、参与文化生活、享有文化成果等方面的权利。保障公民基本文化权益，不仅有助于提升公民的文化素质和水平，还能够增强公民的文化自信和民族自豪感，促进社会的和谐稳定。

第一，完善公共文化服务体系。政府应发挥主导作用，通过投入资金、政策扶持等手段，加强公共文化设施建设，丰富公共文化产品供给，提高公共文化服务。同时，鼓励社会力量参与公共文化服务，形成政府主导、社会参与的公共文化服务格局。第二，促进文化教育资源均衡配置。加大对农村和欠发达地区的文化教育投入，提高这些地区公共文化服务水平，确保公民无论身处何地，都能享受到优质的文化教育资源。第三，加强文化权益保护。完善文化法律法规体系，加强对公民文化权益的保护，防止文化歧视和侵犯公民文化权益的行为。同时，提高公民的法律意识，引导公民依法维护自身文化权益。第四，丰富文化生活供给。通过举办各类文化活动，提供多样化的文化产品，满足公民不同层次不同类型的文化需求，让公民在丰富多彩的文化活动中，享受到文化的乐趣，提升文化素质。第五，提高公民文化参与度。鼓励公民积极参与文化活动，发挥公民在文化创作、传播、传承等方面的积极作用，使公民在参与中感受到文化的价值，从而实现自我价值。公共文化服务体系建设在维护公民基本文化权益方面发挥着重要作用。通过完善公共文化服务体系，保障公民基本文化权利，有助于提升公民的文化素质，促进社会和谐稳定，为实现中华民族伟大复兴的中国梦提供强大的精神力量。

基本文化权益与经济社会发展之间存在着紧密而复杂的关系。这种关系体现在多个层面，从个人层面到社会层面，再到国家层面，形成了一个相互影响、相互促进的循环。基本文化权益的保障是经济社会发展的重要基础。文化是人类社会的精神支柱，它塑造人的价值观、审美观和生活方式。当公民的基本文化权益得到保障时，他们的精神世界得到滋养，进而形成积极向上的社会风貌。这种社会风貌对于吸引投资、促进创新、增强社会凝聚力等方面都具有重要意义，为经济社会发展提供了有力的精神支撑。经济社会发展对基本文化权益的保障具有推动作用。随着经济的发展和社会的进步，人们的物质生活水平不断提高，对精神文化生活的需求也日益增长。这要求政府和社会更加关注公民的基本文化权益，加大投入，提高公共文化服务的质量和水平。同时，经济社会的发展也为基本文化权益的保障提供了更加坚实的物质基础，如文化设施的建设、文化人才的培养等。基本文化权益与经济社会发展相互促进，形成良性循环。当基本文化权益得到有效保障时，人们的文化素养得到提升，这有助于形成更加开放、包容、创新的社会氛围。这种氛围有利于激发社会的创造力和活力，推动经济社会的快速发展。同时，经济社会的发展又为进一步保障基本文化权益提供了更好的条件，形成了一种正向的、良性的循环机制。基本文化权益的保障对于实现社会公平和正义也具有重要价值。文化是人类的精神家园，每个人都有平等享受文化的权利。通过保障公民的基本文化权益，我们可以推动社会的公平和正义，减少社会矛盾和冲突，维护社会的和谐稳定。这种公平和正义的实现不仅有助于提升公民的生活质量和幸福感，也为经济社会的持续健康发展提供了有力的保障。基本文化权益与经济社会发展之间存在着密切而复杂的关系。它们相互依存、相互促进，形成了一个不可分割的整体。在未来的发展中，我们应该更加注重保障公民的基本文化权益，推动经济社会的全面发展，实现文化繁荣与社会进步的良性互动。

二、促进社会公平正义

公共文化服务在促进社会公平正义方面具有重要作用。它能够缩小不同地区、城乡、群体之间的文化差距，提高人民群众的文化素质和幸福感。公共文化服务能够促进教育公平。公共文化服务通过提供丰富的文化资源、举办各类文化活动，为广大人民群众提供了学习和成长的机会。这有助于缩小城乡、地区之间在教育资源方面的差距，让更多的人享受到优质的文化教育资源。公共文化服务是一种公共资源，它对所有人都具有公平性和可及性。通过提供公共文化服务，政府能够有效地减轻社会贫富差距，让广大人民群众共享社会财富，提高整体幸福感。在现代社会，社会保障制度对于维护社会公平正义具有重要意义。公共文化服务作为一种非经济性的社会保障，可以提高人民群众的精神生活水平，从而在一定程度上弥补经济社会保障的不足。公共文化服务是保障人民基本文化权益的重要手段，它有助于提高人民群众的文化素质和道德水平，从而促进人权公平。同时，公共文化服务还能够促进不同民族、宗教、年龄、性别等群体之间的文化交流与融合，推动人权公平。公共文化服务在促进社会公平正义方面具有重要作用。它能够缩小地区、城乡、群体之间的文化差距，提高人民群众的文化素质和幸福感。因此，加强公共文化服务体系建设，是政府和社会各界共同推动社会公平正义的重要举措。

社会公平正义与公共文化服务创新的关系密切，相辅相成。公共文化服务创新是实现社会公平正义的重要手段，而社会公平正义又是公共文化服务创新的价值追求。公共文化服务创新，包括服务内容、方式、途径等方面的创新，可以提高公共文化服务的质量和效率，让更多的公民享受到优质的文化服务。这有助于缩小城乡、区域、群体之间的文化差距，实现文化教育资源均衡配置，从而促进社会公平正义。在公共文化服务创新过程中，始终要坚持以人民为中心的发展思想，将社会公平正义作为核心价值追求。这意味着公共文化服务创新要关注全体公民的文化需求，尤其是弱势群体的文化权益，确保公共文化服务惠及所有人，让每个人都能享受到文化的滋养。公共文化服务创新能够为社会公平正义提供有力支撑，而社会公平正义的实现又能为公共文化服务创新创造良好环境。在一个公平正义的社会里，公民的文化需求得到更好的满足，公共文化服务的创新动力也更加强劲。在公共文化服务创新过程中，要关注社会不公平现象，如文化教育资源配置不均、文化歧视等，通过改革和创新努力解决这些问题，使公共文化服务更加公平、公正。在新时代，我国社会主要矛盾已经转化为人民日益增长的美好生活需要和不平衡不充分的发展之间的矛盾。公共文化服务创新有助于解决这一矛盾，满足人民对美好生活的文化需求，促进社会公平正义。社会公平正义与公共文化服务创新相互关联、相互促进。公共文化服务创新要始终坚持以社会公平正义为核心价值追求，关注全体公民的文化需求，解决文化领域的不公平现象，为实现中华民族伟大复兴的中国梦提供强大的文化支撑。

三、推动文化产业发展

公共文化服务体系建设对文化产业的发展具有深远的影响和作用。这种影响和作用表现在多个方面，从激发文化创新活力、扩大文化市场需求，到优化文化产业结构、提升文化产业竞争力，再到推动文化产业国际化发展，公共文化服务体系都在发挥着重要的推动作用。

第一，公共文化服务通过提供多样化的文化产品和服务，激发文化创新活力。这包括支持优秀文化作品的创作和生产，推广新兴文化业态和创新性文化服务以及为文化企业和创作者提供必要的资源和平台。通过激发文化创新活力，公共文化服务不仅丰富了文化市场的供给，也为文化产业的发展提供了源源不断的创新动力。

第二，公共文化服务通过扩大文化市场需求，促进文化产业的快速发展。公共文化服务体系的建设使得更多的人能够享受到优质的文化产品和服务，从而提高了人们的文化素养和审美水平。随着人们文化需求的不断增长，文化市场也迎来了巨大的发展机遇。这为文化产业提供了广阔的发展空间，促进了文化产业的快速发展。

第三，公共文化服务还通过优化文化产业结构，提升文化产业的竞争力。公共文化服务体系的建设不仅关注文化产品的供给，还注重文化产业链的构建和完善。通过加强文化产业的基础设施建设、人才培养、技术研发等方面的工作，公共文化服务为文化产业的发展提供了有力的支撑。这有助于优化文化产业结构，提高文化产业的整体素质和竞争力。

第四，公共文化服务在推动文化产业国际化发展方面也发挥着重要作用。随着全球化的深入发展，文化产业已经成为国家软实力的重要组成部分。公共文化服务体系的建设不仅关注国内文化市场的发展，还积极参与国际文化交流与合作。通过推动文化产品和服务的出口、加强与国际文化机构的合作等方式，公共文化服务为文化产业的国际化发展提供了有力支持。这有助于提升国家文化软实力和国际影响力。

公共文化服务体系对文化产业的发展具有深远的影响和作用。通过激发文化创新活力、扩大文化市场需求、优化文化产业结构以及推动文化产业国际化发展等方面的努力，公共文化服务体系为文化产业的发展提供了有力的支撑和保障。在未来的发展中，我们应该进一步加强公共文化服务体系的建设和完善，更好地推动文化产业的发展和创新。

文化产业发展与公共文化服务创新之间存在着密切的互动关系。一方面，文化产业发展能够为公共文化服务提供更多的资源和支持，推动公共文化服务创新；另一方面，公共文化服务创新为文化产业发展提供了广阔的市场空间和发展机遇。

文化产业发展能够为公共文化服务提供更多的资源和支持。随着文化产业的快速发展，越来越多的文化企业关注公共文化服务领域，通过投资、合作等方式为公共文化服务提供资金、技术和人才等方面的支持。这有助于公共文化服务在内容、形式和渠道等方面的创新，公共文化服务质量和水平的提高。公共文化服务创新为文化产业发展提供了广阔的市场空间和发展。随着人民群众对精神文化需求的日益增长，公共文化服务领域的创新不断涌现，为文化企业提供了丰富的市场机会。同时，公共文化服务创新还能够激发人民群众的文化消费需求，推动文化产业的繁荣发展。文化产业发展与公共文化服务创新之间的互动关系还有助于推动文化产业与公共服务的融合发展。在文化产业发展与公共文化服务创新的过程中，政府、文化企业和社会各界需要加强合作，共同推动文化产业与公共服务的有机结合，实现经济效益与社会效益的双赢。文化产业发展与公共文化服务创新之间存在着密切的互动关系。加强文化产业发展，为公共文化服务提供更多的资源和支持，有助于推动公共文化服务创新；同时，公共文化服务创新为文化产业发展提供了广阔的市场空间和发展机遇，有利于推动文化产业与公共服务的融合发展。因此，政府、文化企业和社会各界应共同努力，加强文化产业发展与公共文化服务创新的互动关系，以实现文化产业的繁荣发展和人民群众精神文化需求的满足。

四、提升国家文化软实力

国家文化软实力是指一个国家通过文化资源、文化产业、文化创意等方面的积累和发展所显现出来的文化影响力和吸引力。公共文化服务体系建设是提升国家文化软实力的重要途径和基础。国家文化软实力与公共文化服务之间存在着密切的关系。公共文化服务体系建设是国家文化软实力的重要组成部分。一个国家的文化软实力包括其文化产业、文化产品和公共文化服务等方面。公共文化服务作为国家文化软实力的重要体现，通过提供公共文化设施、优质的文化产品和服务，满足公民的文化需求，从而增强国家的文化影响力和吸引力。公共文化服务是塑造国家形象和文化品牌的重要手段。一个国家的文化形象和文化品牌是国际社会对该国的认知和印象的重要方面。通过健全的公共文化服务体系，提供具有独特特色和高品质的文化产品和服务，能够为国家塑造积极向上、富有吸引力的形象，形成独特的文化品牌，提升国家的文化软实力。公共文化服务体系建设促进文化交流与对话。公共文化服务体系的建设不仅关注国内的文化需求和服务，也关注国际文化交流和对话。通过举办国际文化交流活动、引进优质的外国文化产品等方式，能够加强国际间的文化交流与合作，提升国家的文化软实力。公共文化服务体系建设还能够推动国家文化产业的发展。文化产业是国家文化软实力的重要组成部分。通过健全的公共文化服务体系，提供多样化的文化产品和服务，能够促进文化产业的创新和发展，进一步提升文化软实力。公共文化服务体系建设也能够促进国家形象的全球传播。通过公共文化服务体系的建设，国家的文化产品和服务能够更好地融入国际市场，让国际社会了解和认可，进而提升国家的形象和声誉，增强国家的文化软实力。国家文化软实力与公共文化服务密不可分。公共文化服务体系的健全与发展，有助于提升国家的文化软实力，塑造国家形象和文化品牌，促进文化交流与合作，推动文化产业的发展，推动国家形象的全球传播。通过这些方式，能够增强国家的文化影响力和吸引力，提升国家的综合实力。

公共文化服务体系在提升国家文化软实力中发挥着不可或缺的

作用，其方式和途径多种多样，涉及文化传承与创新、社会凝聚力、国际文化交流与合作等多个方面。

第一，公共文化服务体系通过传承和弘扬优秀传统文化，夯实国家文化软实力的根基。它致力于保护和传承非物质文化遗产、传统艺术、民族民间文化等，让这些珍贵的文化遗产在现代社会中焕发新的生机。通过公共文化活动、展览、演出等形式，这些传统文化得以广泛传播，让更多人了解和认同自己的文化根源，从而增强民族自豪感和文化自信。

第二，公共文化服务体系通过创新文化产品和服务，推动文化产业的繁荣发展，为国家文化软实力提供有力支撑。它鼓励文化创新，支持优秀文化作品的创作和生产，推广新兴文化业态，丰富文化市场供给。这些创新性的文化产品和服务不仅满足了人民群众多样化的文化需求，也提升了国家文化产业的竞争力，为国家文化软实力的提升注入强大动力。

第三，公共文化服务体系通过增强社会凝聚力，营造和谐稳定的社会环境，为国家文化软实力提供有力保障。它提供多样化的公共文化服务，满足不同群体的文化需求，促进社会公平正义和文化共享。通过文化活动的交流和互动，人们之间的情感联系得以加强，社会凝聚力得以提升，为国家文化软实力的提升创造了良好的社会环境。此外，公共文化服务体系还通过加强国际文化交流与合作，提升国家文化软实力在国际舞台上的影响力。它积极参与国际文化事务，推动文化产品和服务的出口，加强与国际文化机构的合作，展示国家文化的独特魅力和价值。通过这些国际文化交流活动，国家文化软实力得以在国际舞台上得到广泛认可和赞誉，为国家树立良好的国际形象。

公共文化服务体系在提升国家文化软实力中发挥着重要的作用。它通过传承和弘扬优秀传统文化、创新文化产品和服务、增强社会凝聚力以及加强国际文化交流与合作等方式和途径，不断提升国家文化软实力的内涵和水平。在未来的发展中，我们应该进一步加强公共文化服务体系的建设和完善，更好地发挥其在提升国家文化软实力中的重要作用。同时，我们还需要不断探索和创新公共文化服务的形式和内容，以适应时代发展的需要和人民群众的需求变化，为国家文化软实力的提升贡献更多的力量。

五、增强民族凝聚力和文化认同感

公共文化服务在增强民族凝聚力和文化认同感方面扮演着重要的角色。它通过传承和弘扬传统文化、加强文化教育和交流、促进文化创新和活动等方式，为社会成员树立起共同的价值观和文化认同，增强民族凝聚力和文化认同感。公共文化服务通过传承和弘扬传统文化，加强对民族文化的认同和尊重。公共文化服务机构和活动承担着传承和弘扬民族传统文化的任务，例如举办各类传统文化节庆、传统艺术表演等。这些活动让人们更多地接触到自己的传统文化，加深对自身民族文化的认同感，增强民族凝聚力。公共文化服务通过加强文化教育和交流，营造文化认同的氛围。公共文化服务机构提供各类文化教育和培训活动，例如举办艺术、音乐、舞蹈等培训班，组织文化交流和座谈会等。这些活动促进了不同群体之间的文化交流和互动，增加了彼此了解和共鸣的机会，加强了文化认同感。公共文化服务通过促进文化创新和活动，塑造文化认同的新形象。公共文化服务机构鼓励并支持文化创新，为新兴的文化形式和创意活动提供展示和推广的平台。这些新的文化形象和活动能够吸引年轻人和多元化群体的参与，让他们对自己的文化产生认同感，增强民族凝聚力。公共文化服务在增强民族凝聚力和文化认同感中发挥着重要作用。通过传承和弘扬传统文化、加强文化教育和交流、促进文化创新和活动等方式，公共文化服务树立了共同的价值观和文化认同，增强了人民群众的民族凝聚力和文化认同感。进一步加强公共文化服务体系的建设，提供丰富多样的文化活动和资源，将会使社会成员形成深刻的文化认同，对推动民族凝聚力和社会和谐发挥积极的促进作用。

六、培育和践行社会主义核心价值观

公共文化服务在培育和践行社会主义核心价值观中具有重要作用。社会主义核心价值观是我国社会主义事业的重要内容，是全体公民应当遵循的价值准则。公共文化服务通过提供丰富多样的文化产品和服务，引导公民树立正确的价值观。公共文化服务有助于普及社会主义核心价值观。通过公共文化服务体系，可以向公民传播社会主义核心价值观的基本和精神实质，使公民了解和熟悉这些价值准则，培养公民正确的价值观念和道德观念。公共文化服务能够营造良好的文化氛围。公共文化服务体系通过举办各类文化活动，提供优质的文化产品和服务，营造积极向上、健康文明的文化氛围。在这样的文化氛围中，公民可以自觉践行社会主义核心价值观，将其内化为自身的行为准则。公共文化服务对社会主义核心价值观的传播具有引导作用。公共文化服务体系可以通过选择和推广具有代表性的文化作品，传播正能量，引导公民树立正确的价值观。同时，公共文化服务还可以通过举办主题文化活动，加强对社会主义核心价值观的宣传和普及。此外，公共文化服务还能够促进社会主义核心价值观的实践。公共文化服务体系可以为公民提供实践社会主义核心价值观的平台和机会，如志愿服务、社区共建等活动。通过参与这些活动，公民可以将社会主义核心价值观付诸实践，增强自身的道德素质和社会责任感。公共文化服务在培育和践行社会主义核心价值观中具有示范作用。公共文化服务体系可以通过树立典型、表彰先进等方式，引导公民学习和践行社会主义核心价值观。同时，公共文化服务还可以通过自身的优质服务，展示社会主义核心价值观的实际成效，激发公民的认同感和自豪感。公共文化服务在培育和践行社会主义核心价值观中发挥着重要作用。通过普及价值观、营造文化氛围、引导传播、促进实践和示范引领等方式，公共文化服务有助于全体公民树立正确的价值观念，增强民族凝聚力和文化认同感，为实现中华民族伟大复兴的中国梦提供强大的精神动力。

第四章

群众文化工作创新的理念与方法

一、群众文化工作创新的理念与目标

群众文化工作创新的理念是适应时代发展，满足人民群众日益增长的精神文化需求，提高群众文化素质，促进社会和谐。创新是群众文化工作发展的动力，也是提升群众文化工作水平的重要手段。首先，要树立以人为本的理念。群众文化工作的对象是广大人民群众，因此，要关注了解人民群众的文化需求，为他们提供丰富多彩的文化活动，满足他们的精神文化需求。其次，要树立开放创新理念。随着社会的发展，群众文化工作的内容和形式也在不断变化，要不断吸收新的文化元素，借鉴先进的管理理念和方法，不断创新工作方式和方法，提高工作效率和质量。最后，要树立可持续发展的理念。群众文化工作是一项长期的工作，需要不断投入和努力，要注重工作的可持续性，不断探索新的工作方式和方法，为群众文化事业的发展奠定基础。

群众文化工作创新的目标是提高群众文化工作的质量和水平，促进社会和谐发展。具体来说，包括以下几个方面：第一，要提高群众文化活动的吸引力和影响力。通过创新活动内容和形式，吸引更多的群众参与文化活动，提高活动的知名度和影响力。第二，要提高群众文化活动的参与度和覆盖面。通过多种渠道和方式，扩大文化活动的覆盖面和参与度，让更多的人参与到文化活动中来。第三，要提高群众文化工作的社会效益和经济效益。通过创新工作方式和方法，提高群众文化工作的社会效益和经济效益，为经济发展和社会进步做出贡献。

综上所述，群众文化工作创新的理念与方法是适应时代发展、满足人民群众日益增长的精神文化需求、提高群众文化素质、促进社会和谐的重要手段。在实践中，我们需要不断探索新的工作方式和方法，注重创新和可持续发展，为群众文化事业的发展奠定基础。同时，我们也要注重培养群众文化工作者的素质和能力，提高他们的专业水平和工作能力，为群众文化工作的创新和发展提供有力的人才保障。

群众文化工作创新的目标设定，旨在推动文化事业的持续发展，满足人民群众日益增长的精神文化需求以及促进社会的和谐与进步。这一目标设定不仅具有深远的现实意义，还承载着推动文化多样性和文化创新的使命。群众文化工作创新的目标设定，是为了更好地服务人民群众。因此，群众文化工作必须紧跟时代步伐，不断创新服务内容和形式，以满足人民群众日益增长的精神文化需求。这不仅要求我们关注人民群众的实际需求，还要深入了解他们的文化喜好和审美倾向，为他们提供更加丰富、多样、高品质的文化产品和服务。群众文化工作创新的目标设定，是为了推动文化事业的持续发展。文化事业是国家软实力的重要组成部分，也是社会文明进步的重要标志。通过不断创新群众文化工作，我们可以推动文化事业的持续发展，提高国家文化软实力，增强民族凝聚力和创造力。同时，这也有助于促进文化产业的发展，推动文化与科技的深度融合，为经济发展注入新的活力。群众文化工作创新的目标设定，具有深远的社会意义。文化是人类社会发展的重要基石，是民族精神和国家认同的重要源泉。通过创新群众文化工作，我们可以弘扬社会主义核心价值观，传承和弘扬中华优秀传统文化，增强民族自豪感和归属感。同时，这也有助于促进社会的和谐与进步，提高人民群众的文化素质和道德修养，推动社会文明程度的提升。群众文化工作创新的目标设定具有重要意义。它不仅是为了更好地服务人民群众、推动文化事业的持续发展，还是为了弘扬社会主义核心价值观、传承和弘扬中华优秀传统文化、促进社会的和谐与进步。因此，我们必须高度重视群众文化工作创新，不断探索和实践新的理念和方法，为推动我国文化事业的繁荣和发展做出更大的贡献。在未来的发展中，我们应该继续坚持以人民为中心的发展思想，不断满足人民群众的文化需求，同时加强文化创新和传承，推动文化事业和文化产业融合发展，为实现中华民族伟大复兴的中国梦贡献力量。

二、群众文化工作创新的方法与途径

（一）利用新媒体与互联网技术进行群众文化工作创新

在群众文化工作创新的过程中，利用新媒体与互联网技术是一种有效的方法和途径。新媒体与互联网技术的广泛应用，为群众文化工作带来了新的发展机遇和变革。网络平台的运用是群众文化工作创新的重要方法之一。通过建设和发展各类文化相关的网络平台，可以为群众提供丰富多样的文化信息和服务。这些网络平台可以包括官方的文化门户网站、社交媒体平台、在线文化学习平台等。通过网络平台，群众可以随时随地获取到他们感兴趣的文化内容和活动信息，参与线上展览、音乐会、演讲等文化活动，实现与文化的互动和参与。互联网直播技术的应用是促进群众文化工作创新的一种重要途径。通过互联网直播技术，可以将各类文化活动以实时的方式传输到网络上，让更多的人可以通过手机、电脑等设备观看和参与文化活动。互联网直播技术的应用可以打破传统文化活动的时空限制，让更多的人可以同时参与到文化活动中来，提高文化活动的覆盖面和参与度。

社交媒体的运用也是群众文化工作创新的重要方法。通过社交媒体平台，可以进行在线互动、发布文化活动信息、分享文化内容等。社交媒体的广泛应用可以扩大文化的传播范围，促进文化观念和文化价值的交流与传递，提高群众对文化的认知度和参与度。群众参与式文化创作是网络平台运用的重要形式之一。通过网络平台，可以提供群众参与文化创作的机会，例如征集群众的文学作品、摄影作品、艺术设计等，发掘群众中的文化创造力。这种群众参与式的文化创作可以激发群众的创造力和自豪感，丰富公共文化产品及服务的内容和形式。

利用新媒体与互联网技术进行群众文化工作创新是一种重要的方法与途径。通过网络平台、互联网直播技术、社交媒体运用以及群众参与式的文化创作，可以拓展群众文化活动的形式和参与方式，提高文化活动的覆盖面和参与度，促进群众对文化的认同感和激发创造力。这将推动群众文化工作的创新发展，为人民群众提供更多、更丰富的精神文化需求满足。在当今信息化社会，新媒体与互联网技术的飞速发展为群众文化工作的创新提供了广阔的空间和无限的可能性。利用新媒体与互联网技术进行群众文化工作创新，不仅能够提高工作的效率和质量，还能够扩大文化活动的影响力和覆盖面，满足人民群众日益增长的精神文化需求。

社交媒体的应用是新媒体与互联网技术在群众文化工作中的重要应用之一。社交媒体具有用户基数大、传播速度快、互动性强等特点，能够有效地促进文化信息的传播和文化活动的推广。第一，可以通过社交媒体平台发布文化活动信息，包括活动的时间、地点、内容等，让更多的人了解到文化活动的详细信息，吸引更多的群众参与。第二，可以通过社交媒体平台进行文化活动的宣传和推广。通过发布活动的宣传海报、预告片等，提高活动的知名度和影响力。第三，可以通过社交媒体平台进行文化活动的组织和策划。例如，可以通过社交媒体平台发起文化活动的报名、投票等，提高活动的参与度和互动性。第四，可以用于文化活动的直播和回顾。通过直播，让无法到场的群众也能够观看文化活动；通过回顾，让更多的群众能够重温文化活动的精彩瞬间。综上所述，社交媒体的应用在群众文化工作创新中具有重要的作用。通过社交媒体平台，可以发布文化活动信息，推广文化活动，提高活动的参与度和互动性，直播和回顾文化活动，满足人民群众日益增长的精神文化需求，提高群众文化工作的质量和水平。

在探索利用新媒体与互联网技术进行群众文化工作创新的方法

与途径时，移动应用程序的推动显得尤为关键。移动应用程序以其便捷性、实时性和互动性等特点，为群众文化工作带来了前所未有的创新机遇。移动应用程序通过智能手机等移动设备，实现了文化的快速传播和广泛覆盖。群众可以随时随地通过手机访问各类文化应用，获取丰富的文化信息和资源。这种即时性和便捷性极大地提高了群众参与文化活动的积极性，使得文化工作更加贴近群众生活。在推动移动应用程序的发展方面，我们可以采取多种策略。一是要深入了解群众的文化需求和喜好，开发出符合他们需求的应用。例如，针对不同年龄段的用户，开发适合他们的文化娱乐、教育学习等应用。二是要注重应用的用户体验，确保界面友好、操作简便，让用户能够轻松上手。三是要加强应用的推广和宣传，通过社交媒体、线下活动等方式，提高应用的知名度和用户数量。移动应用程序的推动不仅能够满足群众的文化需求，还能够促进文化的传播和交流。通过应用内的互动功能，如评论、分享等，用户可以方便地与其他用户进行文化交流和分享。这种互动不仅增进了用户之间的友谊和信任，还能够激发用户对文化的兴趣和热爱。同时，移动应用程序的推动也为文化工作者提供了更多的创新空间。文化工作者可以利用应用平台，开展各种形式的文化活动，如线上展览、虚拟讲座、互动游戏等。这些创新性的文化活动不仅丰富了群众的文化生活，还提高了文化工作者的服务能力和水平。此外，移动应用程序的推动还能够促进文化产业的发展。通过应用平台，文化产品和服务可以实现线上销售和推广，为文化产业创造更多的商业价值。这种商业模式不仅拓宽了文化产业的发展道路，还为文化工作者提供了更多的就业机会和创业机会。利用移动应用程序推动群众文化工作创新具有重要意义。通过深入了解群众需求、优化用户体验、加强应用推广等方式，我们可以充分发挥移动应用程序在文化传播、交流和创新方面的优势，为群众提供更加丰富、多样、高品质的文化产品和服务。同时，这也将促进文化产业的发展和文化工作者的服务能力提升，为推动我国文化事业的繁荣和发展做出更大的贡献。在未来的发展中，我们期待看到更多创新的移动应用程序涌现出来，为群众文化工作注入新的活力和动力。

（二）加强群众文化工作创新的组织与管理

在群众文化工作创新中，加强组织与管理是至关重要的。通过激发创新潜能，可以为群众文化工作创新提供有力的支持和保障。建立创新激励机制是激发创新潜能的关键。通过设立创新奖项、提供创新资金支持、鼓励群众提出创新建议等方式，可以激发群众的创新意识和创造力。这些措施可以鼓励群众积极参与文化活动、提供创意建议、参与文化创作等，从而为群众文化工作创新提供源源不断的创意和灵感。加强组织管理，可以提高群众文化工作创新的效率和效果。通过制定明确的工作计划和目标、建立有效的沟通机制、加强团队建设和管理、优化工作流程等措施，可以确保群众文化工作创新的顺利进行。此外，加强组织管理还可以提高团队成员的协作意识和能力，促进团队成员之间的交流和合作，从而为群众文化工作创新提供更好的支持和保障。在群众文化工作创新中，激发创新潜能和加强组织管理是相辅相成的。通过建立创新激励机制和加强组织管理，可以激发群众的创新意识和创造力，提高群众文化工作创新的效率和效果，从而为人民群众提供更多、更丰富的精神文化资源。

创新机制能够激发群众文化工作者的创新潜能，提高工作效率和质量，推动群众文化工作的持续发展和进步。激励机制能够激发群众文化工作者的积极性和创造性，鼓励他们勇于尝试新的工作方式和方法，推动工作的创新和发展。具体来说，可以通过设立创新基金、给予创新奖励等方式，激励群众文化工作者进行创新。合作机制能够促进群众文化工作者之间的交流和合作，共同探讨和解决工作中的问题和困难，推动工作的创新和发展。具体来说，可以通过建立合作平台、举办交流活动等方式，促进群众文化工作者之间的合作。反馈机制能够及时了解和掌握群众文化工作的情况和效果，发现问题并及时进行调整和改进，提高工作的效率和质量。具体来说，可以通过建立反馈渠道、定期进行工作总结等方式，及时了解和掌握工作的情况和效果。持续改进机制能够保证群众文化工作的持续发展和进步，不断优化工作流程和方法，提高工作效率和质量。具体来说，可以通过定期进行工作评估、引入新的管理理念和方法等方式，持续改进和优化工作。建立创新机制是群众文化工作创新的重要方法和途径。通过建立激励机制、合作机制、反馈机制和持续改进机制，能够激发群众文化工作者的创新潜能，提高工作效率和质量，推动群众文化工作的持续发展和进步。

加强人才培养是推动群众文化工作创新的关键环节，它不仅关系到文化工作的质量和水平，更决定了文化事业的长远发展。为实现这一目标，我们必须从多个方面着手，构建一套科学、有效的人才培养机制。我们要明确人才培养的重要性。在群众文化工作创新的过程中，人才是最活跃、最具创造力的因素。只有拥有一支高素质、专业化的文化工作队伍，才能推动文化工作不断创新，满足人民群众日益增长的文化需求。因此，加强人才培养是推动群众文化工作创新的必由之路。我们要制定科学的人才培养计划。这个计划应该根据文化工作的特点和需求，结合当前和未来的发展趋势，明确人才培养的目标、内容、方式和时间节点。同时，我们还要注重人才培养的针对性和实效性，确保培养出来的人才能够迅速投入文化工作中，发挥积极作用。在实施人才培养计划的过程中，我们要注重创新方式方法。传统的培养方式往往注重理论学习和技能训练，而忽视了对人才的综合素质和创新能力的培养。因此，我们要探索和实践新的培养方式，如开展项目式学习、案例分析、实践锻炼等，让人才在实践中不断成长和创新。此外，我们还要建立健全人才激励机制。通过设立奖励制度、提供晋升机会、给予物质和精神激励等方式，激发人才的积极性和创造力。同时，我们还要注重对人才的关爱和支持，为他们提供良好的工作环境和条件，让他们能够全身心地投入到文化工作中。我们要加强人才培养的可持续性。人才培养不是一蹴而就的过程，而是需要长期的投入和积累。因此，我们要注重人才培养的连续性和系统性，将人才培养与文化工作的整体规划和发展紧密结合起来，确保人才培养能够持续、稳定地推动文化工作创新。加强人才培养是推动群众文化工作创新的重要手段。我们要从明确人才培养的重要性、制定科学的人才培养计划、创新人才培养方式方法、建立健全人才激励机制以及加强人才培养的可持续性等多个方面入手，构建一套全面、系统的人才培养体系。只有这样，我们才能培养出一支高素质、专业化的文化工作队伍，推动群众文化工作不断创新和发展，为人民群众提供更加优质、丰富的文化产品和服务。

（三）引入多元化的文化元素与资源

在群众文化工作创新中，引入多元化的文化元素与资源是至关重要的。通过多样化的艺术形式与表现方式，可以丰富群众文化活动的内容和形式，提高群众的文化生活水平。引入多元化的艺术形式是丰富群众文化活动内容的关键。这包括音乐、舞蹈、戏剧、戏曲、绘画、雕塑等多种艺术形式。通过引入多元化的艺术形式，可以满足不同群众的审美需求，让更多的群众参与到文化活动中来。同时，多元化的艺术还可以激发群众的创造力和想象力，促进文化创新和交流。引入多元化的表现方式是丰富群众文化活动形式的重要途径。这包括传统的表现方式，如戏曲、民族舞蹈、民间艺术等以及现代的表现方式，如流行音乐、街舞、现代舞蹈、涂鸦等。通过引入多元化的表现方式，可以激发群众的兴趣和热情，让更多的群众参与到文化活动中来。同时，多元化的表现方式还可以促进文化的多样性和包容性，推动文化交流和融合。引入多元化的文化资源是丰富群众文化活动内容的重要手段。这包括传统文化资源，如民间故事、传说、传统节日以及现代文化资源，如流行文化、网络文化、国际文化等。通过引入多元化的文化资源，可以满足不同群众的需求和兴趣，让更多的群众参与到文化活动中来。同时，多元化的文化资源还可以促进文化的多样性和交流，推动文化交流和共享。

通过引入多元化的艺术形式与表现方式，可以丰富群众文化活动的内容和形式，提高群众的文化生活水平。因此，群众文化工作者应该积极引入多元化的文化元素与资源，为人民群众提供更多、更丰富的精神文化需求满足。

引入多元化的文化元素与资源是群众文化工作创新的重要方法和途径。多元化文化的融合与创新能够丰富群众文化工作的内容和形式，提高文化活动的吸引力和影响力，促进文化交流和融合，推动社会和谐发展。首先，要注重本土文化的传承与创新。本土文化是群众文化工作的根基，要注重挖掘和传承本土文化的独特内涵和价值，同时也要注入新的元素和理念进行创新和发展。可以通过举办本土文化节庆活动、开展本土文化研究等方式，传承和弘扬本土文化，也可以通过融合现代元素、创新表现形式等方式，使本土文化焕发新的活力和魅力。其次，要积极吸收和借鉴其他文化的优秀成果。不同文化之间存在着差异，拥有其独特性，但也存在着互补和共通之处。群众文化工作者要积极学习和吸收其他文化的优秀成果，取长补短，丰富自身的文化内涵和表现形式。可以通过举办文化交流活动、引进外部优秀文化产品等方式，吸收和借鉴其他文化的优秀成果，促进文化的多元融合和创新。再次，要注重跨界合作的探索与实践。跨界合作是多元化文化融合创新的重要途径之一。群众文化工作者要与其他领域的专业人士进行合作，共同探索和尝试新的文化创作和表现形式。可以与其他领域的专业人士合作举办文化活动、开展跨界项目等方式，实现文化与其他领域的交流和融合，产生新的文化创意和成果。最后，要注重群众参与和互动的环节。群众参与和互动是群众文化工作的本质要求，也是多元化文化融合与创新的重要保障。要注重搭建平台和渠道，鼓励和引导群众参与到文化活动中来，让他们能够亲身感受和体验到文化的魅力，激发他们的创新潜能和创造力。可以通过举办群众文化节、开展群众文化比赛等方式，鼓励群众参与和互动，促进文化的多元融合和创新。多元文化的融合与创新是群众文化工作创新的重要方法和途径。通过注重本土文化的传承与创新、积极吸收和借鉴其他文化的优秀成果、注重跨界合作的探索与实践以及注重群众参与和互动的环节，能够丰富群众文化工作的内容和形式，提高文化活动的吸引力和影响力，促进文化交流和融合，推动社会和谐发展。

引入多元化的文化元素与资源是群众文化工作创新的重要途径之一，而实现这一目标的关键在于多方合作与资源共享。通过深化合作、拓展资源渠道、促进文化交流，我们可以为群众带来更加丰富多元的文化体验，推动群众文化工作不断创新发展。多方合作是实现文化资源共享的重要途径。文化机构、艺术团体、社区组织、教育机构等各方拥有各自独特的文化资源和优势，通过合作可以实现资源的互补和优化配置。例如，文化机构可以与艺术团体合作举办展览、演出等文化活动，为群众提供多样化的文化体验；社区组织可以与教育机构合作开设文化课程、举办文化讲座等，提高群众的文化素养和参与度。这种合作模式不仅丰富了文化活动的形式和内容，还提高了各方资源的利用效率。资源共享是推动文化多元化的重要手段。在多方合作的基础上，各方可以共享场地、设备、人才等资源，降低文化活动的成本，提高活动的质量和效益。例如，文化机构可以与其他机构共享展览场地、艺术藏品等资源，丰富展览内容，提高展览的吸引力和影响力；艺术团体可以共享排练场地、演出设备等资源，降低演出成本，提高演出质量。这种资源共享模式不仅促进了文化资源的优化配置，还推动了文化活动的普及和深入。在多方合作与资源共享的过程中，我们还需要注重深化文化交流。通过举办文化交流活动、搭建文化交流平台等方式，促进不同文化之间的交流与融合，让群众能够感受到更加丰富多彩的文化魅力。例如，可以举办国际文化节、民族文化展演等活动，展示不同国家和地区的文化特色，增进群众对不同文化的了解和认同。这种文化交流不仅丰富了群众的文化生活，还促进了文化多样性和文化包容性的提升。综上所述，引入多元化的文化元素与资源对推动群众文化工作创新具有深远的影响。

第五章

数字化时代的群众文化工作创新

一、数字化背景下的群众文化工作挑战

数字化时代给群众文化工作带来了许多挑战，其中最突出的是数字鸿沟问题。数字鸿沟是指由不同群体在信息技术发展水平上的差异造成的获取、使用和受益于数字化资源方面的差距。在我国，数字鸿沟问题主要表现在以下几个方面：一是地区间的数字鸿沟。我国地域广阔，不同地区在经济发展水平、信息技术基础设施建设和教育资源等方面存在较大差距。东部沿海地区和经济发达城市在数字化建设方面领先，而中西部地区和农村地区相对滞后。这导致一部分群众无法享受到数字化带来的便利，进一步拉大了地区间的差距。二是城乡间的数字鸿沟。城市地区由于基础设施完善、

教育资源丰富，数字化发展水平较高。而农村地区由于基础设施薄弱、教育资源匮乏，数字化发展水平相对较低。这种城乡间的数字鸿沟使得农村群众在数字化时代面临诸多不便，影响了他们的生活质量。三是不同收入群体间的数字鸿沟。高收入群体由于经济实力雄厚，能够更容易地接触到和使用数字化产品和服务。而低收入群体由于经济条件限制，往往无法享受到数字化带来的便利。这种收入群体间的数字鸿沟可能导致社会阶层固化，进一步加剧社会不平等。四是年龄层间的数字鸿沟也较为明显。年轻一代由于成长于数字化时代，对数字化产品和服务运用自如。而中老年一代由于受教育程度和成长环境的限制，对数字化产品的接受和使用存在困难。这种年龄层间的数字鸿沟可能导致信息传递不畅，影响社会和谐。五是技术能力差异也是数字鸿沟的一个重要方面。数字化时代需要人们具备一定的技术能力来获取和使用数字化资源，而有些群体由于受教育水平、年龄等原因，缺乏这样的技术能力，导致他们无法顺利适应数字化时代的发展。

数字鸿沟给群众文化工作带来了很多挑战。首先是信息不对称的问题。由于数字鸿沟，一些群体难以获取到全面准确、权威可信的信息，使他们很难参与到文化活动中，限制了他们的文化参与权。其次是文化多样性的挑战。数字鸿沟问题可能导致一些特定群体的文化无法得到传承和发展，导致文化多样性受到挤压和流失。

这对于文化的发展和传承来说是一大挑战。最后是数字排除的问题。由于数字鸿沟，一些群体无法享受到数字化带来的便利，与快速发展的数字化社会脱节，导致他们在经济、社交和文化等方面的排除感增强，社会不平等现象进一步加剧。

数字鸿沟问题的存在，对于群众文化工作的创新和发展提出了迫切的要求。我们需要加强投入，完善基础设施建设，以扩大数字化渗透，缩小地区和城乡间的数字鸿沟。同时，要加强对农村、低收入群体和老年人等特殊群体的数字化培训，提高他们的数字化素养，减少数字鸿沟对他们生活的影响。此外，重视多元文化的发展，鼓励和支持民间文化的创作和传承，保护和弘扬地方传统文化，以增加文化的多样性，减少数字鸿沟对文化多样性的不利影响。同时，要注重数字化技术的普及和应用，提高群众的技术能力，减少数字化技术差异带来的数字鸿沟。总之，数字鸿沟问题在数字化时代给群众文化工作带来了诸多挑战，这需要政府、社会和个人的共同努力来解决。只有缩小数字鸿沟，让更多的群众能够参与到数字化时代的文化活动中，才能实现群众文化工作的创新和发展。

在数字化时代，随着信息技术的迅猛发展，群众文化工作面临着前所未有的挑战。其中，数据安全和隐私保护问题尤为突出，给群众文化工作的推进带来了重重困难。

第一，数据的大规模收集与存储带来的挑战。在数字化背景下，为了更好地满足群众的文化需求，我们需要收集大量的个人信息、活动参与情况等数据。然而，这些数据在存储和传输过程中，往往面临着被非法获取、篡改或滥用的风险。一旦数据泄露，不仅可能侵犯到群众的隐私权，还可能给他们的财产安全甚至人身安全带来威胁。因此，如何在收集和使用这些数据的同时，确保它们的安全性和保密性，是数字化时代群众文化工作面临的重要挑战之一。

第二，技术漏洞和安全风险带来的挑战。虽然信息技术的发展为群众文化工作提供了更多可能性，但同时也带来了新的安全风险。网络攻击、病毒传播、黑客入侵等时刻威胁着数据的安全。一旦遭受攻击，不仅可能导致文化活动的组织混乱、信息失真，还可能造成巨大的经济损失和社会影响。因此，如何在推进群众文化工作创新的同时，防范和应对这些技术风险，也是我们必须面对的挑战之一。

第三，数据滥用和隐私侵犯的挑战。在数字化时代，数据的价值日益凸显，一些不法分子可能为了谋取利益而滥用群众的个人数据。例如，未经允许将群众的个人信息出售给第三方、利用群众数据进行恶意营销等。这些行为不仅侵犯了群众的隐私权，还可能给他们带来经济和精神上的损失。因此，如何防止数据滥用和隐私侵犯，保护群众的合法权益，也是数字化时代群众文化工作必须面对的重要挑战。

第四，法律法规不健全的挑战。当前，关于数据安全和隐私保护的法律法规还不够完善，一些违法行为难以得到有效遏制。同时，由于法律法规的滞后性，一些新的数据安全问题和侵犯隐私的行为可能难以得到及时规范和惩处。因此，如何完善相关法律法规，为数字化时代的群众文化工作提供有力的法律保障，也是我们需要关注的重要问题。

第五，人员意识和技能不足的挑战。一些工作人员对数据安全和隐私保护的重要性认识不足，缺乏必要的安全意识和防范技能。这可能导致他们在日常工作中疏忽大意，给数据安全带来隐患。因此，如何加强对工作人员的培训和教育，提高他们的数据安全和隐私保护意识，也是我们必须面对的挑战之一。

数字化时代的群众文化工作面临着多方面的挑战。这些挑战不仅来自技术层面，还涉及法律法规、人员意识等多个方面。因此，我们需要从多个角度出发，全面应对这些挑战。同时，我们也需要认识到这些挑战并非不可克服的难题，只要我们采取积极有效的措施，加强技术研发、完善法律法规、提高人员意识等，就能够为数字化时代的群众文化工作提供更加坚实的技术支撑和法律保障。在未来的发展中，我们应该继续关注和研究数据安全和隐私保护问题，不断提高自身的防范意识和应对能力。同时，我们也应该积极拥抱新技术、新模式，推动群众文化工作的创新和发展。只有这样，我们才能在数字化时代更好地满足人民群众的文化需求，推动社会主义文化繁荣兴盛。

二、数字化技术在群众文化工作中的应用

在数字化时代，大数据在群众文化工作中的应用越来越广泛，成为推动群众文化工作创新的重要力量。大数据可以为文化资源的整合与共享提供有力支持。通过大数据技术，可以对各类文化资源进行整合、分类、存储和共享，实现文化资源的优化配置。例如，建立统一的文化资源数据车，将各类文化资源进行整合，便于群众查询和使用。

通过大数据技术，可以实现文化资源的共享，通过网络平台将优质的文化资源传输到各个地区，让更多的人享受到丰富的文化资源。大数据可以提高群众文化活动的针对性和实效性。通过大数据技术，可以对群众的文化需求进行精准把握和分析，为文化活动提供有力支持。例如，通过收集和分析网络社交平台上群众的文化需求和兴趣，可以精准地策划和举办各类文化活动，满足群众的文化需求。同时，大数据技术还可以对文化活动效果进行实时监测和评估，为活动组织者提供反馈，提高活动的针对性和实效性。

此外，大数据可以促进文化产业的创新发展。通过大数据技

术，可以对文化产业的供需状况、市场趋势、消费者需求等进行深入分析，为文化企业提供决策依据。例如，通过分析网络平台上消费者的文化消费行为，文化企业可以更好地了解市场需求，制定符合市场需求的文化产品和服务。同时，大数据技术还可以对文化产业的创新进行支持和推动，例如通过大数据分析发现新的文化创意和设计灵感，推动文化产业的产品和服务创新。

大数据可以提升群众文化工作的管理水平。通过大数据技术，可以实现对群众文化工作的精细化管理，提高管理效率。例如，利用大数据技术对文化活动进行实时监控和评估，可以及时发现问题，提高管理效率。同时，大数据技术还可以为文化政策的制定和实施提供数据支持，使文化政策更加科学合理。大数据在群众文化工作中的应用方式和方法多种多样。通过大数据技术的应用，可以提高文化资源的整合与共享，提高群众文化活动的针对性和实效性，促进文化产业的创新发展，提升群众文化工作的管理水平。因此，在数字化时代，群众文化工作者应积极运用大数据技术，推动群众文化工作的创新和发展。

新媒体是指以数字化技术为基础，以互联网为平台，集信息、传播、互动于一体的媒体形式。在数字化时代，新媒体在群众文化工作中发挥着越来越重要的作用。它以其独特的方式和丰富的功能，为群众提供了更加便捷和多样的文化参与途径。新媒体提供了在线文化内容的传播平台。通过互联网的高速和广泛覆盖，新媒体能够将文化内容传播到更广泛的受众群体中。通过社交媒体、视频平台、音乐平台等多样化的应用和工具，用户可以随时随地享受到各种文化内容，如电影、音乐、综艺节目、书籍等。这种在线文化内容传播的方式有效地打破了传统媒体的时间和空间限制，让群众能够更加便捷地获取到自己感兴趣的文化资源。

新媒体提供了互动参与的平台。通过新媒体，群众可以参与到文化活动中来，成为文化的创造者和传播者。用户可以在社交媒体上发布自己的创作作品，与其他用户进行互动和交流，形成一个互动参与的社群。此外，新媒体还可以通过在线投票、评论、分享等功能，让群众参与到文化节目的决策和评价中来，体现了群众的意见和诉求，增加了文化活动的民主性和多元性。

新媒体为群众提供了个性化的文化体验。通过新媒体平台，用户可以根据自己的兴趣和偏好选择和定制自己喜欢的文化内容。例如，音乐平台可以根据用户的听歌记录和喜好推荐相似的歌曲，视频平台可以根据用户的观看记录和兴趣推荐相关的视频内容。这种个性化的文化体验能够更好地满足群众的精神文化需求，增强了文化活动的吸引力和参与度。

新媒体还为群众提供了多元化的文化交流平台。通过社交媒体等新媒体应用，用户可以与其他用户进行文化交流和分享，无论是即时的文字互动、图片分享、视频传播，还是网络社群的形成，都提供了一个广泛、开放、多样化的文化交流平台。这种文化交流的方式可以促进不同地区、不同背景的群众之间的文化交流和融合，实现了文化的共享和共同创造。

新媒体在群众文化工作中的应用方式和效果是多方面的。它为群众提供了在线文化内容的传播平台，使群众能够更加便捷地获取到文化资源；通过互动参与的平台，群众可以更加积极地参与到文化活动中来，成为文化的创造者和传播者；新媒体还为群众提供了个性化的文化体验，根据用户的偏好和兴趣推荐相关的文化内容；新媒体还为群众提供了多元化的文化交流平台，促进了文化交流和融合。新媒体的不断发展和创新，将进一步推动群众文化工作的创新和发展，使群众能够参与到更加丰富多彩的文化建设中来。

三、群众文化工作创新案例分析

案例一：资源整合驱动的数字化公共文化服务体系建设

随着信息技术的迅猛发展和广泛应用，数字化已经成为公共文化服务体系建设的重要驱动力。资源整合，作为数字化公共文化服务体系建设的核心环节，对于提升服务效能、满足群众多元化文化需求具有重要意义。阿勒泰作为一个历史悠久、文化底蕴深厚的城市，拥有丰富的文化资源。这些资源分散在市内的各个图书馆、博物馆、文化中心以及各类非遗传承人中。然而，由于缺乏统一的管理和整合机制，这些资源往往难以被群众充分利用。为了解决这一问题，阿勒泰政府决定进行资源整合，推动数字化公共文化服务体系的建设。在整合策略上，阿勒泰首先成立了专门的资源整合小组，负责对全市的文化资源进行摸底和分类。通过对各类文化资源的梳理，他们建立了详细的资源库，包括图书、文物、非物质文化遗产等。接下来，阿勒泰利用先进的技术手段，将这些资源转化为数字化产品，如电子书籍、数字展览、在线课程等。这些数字化产品不仅方便了群众的获取和使用，也大大提高了资源的传播效率。在资源整合的基础上，阿勒泰构建了数字化公共文化服务体系。该体系以统一的服务平台为核心，整合了全市的数字化文化资源，为群众提供了一站式的文化服务。群众可以通过电脑、手机等设备随时随地访问平台，浏览和获取所需的文化资源。同时，该体系还提供了个性化的推荐服务，根据群众的兴趣和偏好，为他们推荐合适的文化资源。在运行机制上，阿勒泰采取了政府主导、社会参与的模式。政府负责提供基础设施和技术支持，而社会组织和企业则参与到文化资源的开发和运营中。这种合作模式不仅降低了成本，也提高了服务的质量和效率。通过资源整合和数字化公共文化服务体系的建设，阿勒泰取得了显著的成效。首先，资源整合使得原本分散的文化资源得到了有效的整合和利用，提高了公共文化服务的覆盖率和可及性。群众不再需要东奔西跑去各个机构寻找所需的资源，只需通过平台就能轻松获取。其次，数字化技术的应用大大提升了文化服务的便捷性和互动性。群众可以在任何时间、任何地点访问平台，享受丰富的文化体验。同时，平台上的互动功能也促进了群众之间的交流和分享，形成了文化交流的社区。此外，数字化公共文化服务体系的建设还促进了文化产业的创新和发展。通过整合和开发文化资源，阿勒泰不仅丰富了自身的文化产品供给，也吸引了更多的社会投资和企业参与。这不仅为文化产业的发展提供了有力支撑，也为城市的经济发展注入了新的活力。然而，资源整合驱动的数字化公共文化服务体系也面临一些挑战。一方面，资源整合过程中需要解决不同机构、不同系统之间的数据共享和互操作问题。这需要加强技术标准和数据接口的统一和规范，以确保资源的顺畅流通和高效利用。另一方面，数字化公共文化服务体系的建设需要投入大量的人力、物力和财力。如何保障持续的资金投入和运营维护是一个重要的问题。为了解决这些问题，阿勒泰采取了一系列措施。例如，建立专门的数据管理部门，负责协调不同机构之间的数据共享和互操作。同时，他们也积极寻求社会资金的支持，通过与企业合作、引入社会资本等方式，保障数字化公共文化服务体系的稳定运行和持续发展。展望未来，资源整合驱动的数字化公共文化服务体系建设仍将继续发挥重要作用。随着技术的不断进步和应用场景的拓展，数字化公共文化服务将更加智能化、个性化和多样化。同时，随着社会的快速发展和群众文化需求的不断变化，数字化公共文化服务体系也需要不断创新和完善，以适应新形势下的需求。为了推动数字化公共文化服务体系的持续发展，我们提出以下策略建议：一是继续加强资源整合的深度和广度，不断扩大数字化文化资源的覆盖范围和提高资源质量；二是加强技术创新和应用，推动数字化公共文化服务的智能化和个性化发展；三是加强合作与共享，促进不同机构、不同系统之间的数据共享和相互操作；四是加强资金投入和运营维护，保障数字化公共文化服务体系的稳定运行和持续发展。阿勒泰通过资源整合驱动的数字化公共文化服务体系建设取得了显著成效。这一案例为我们提供了宝贵的经验和启示。在未来的工作中，我们应继续深化资源整合、加强技术创新、促进合作共享、保障资金投入和运营维护，推动数字化公共文化服务体系的持续发展，为群众提供更加丰富多彩、便捷高效的文化服务。

案例二：新媒体平台在群众文化参与中的作用发挥

在数字化时代的浪潮下，新媒体平台在群众文化工作中的创新应用越来越受到重视。以淄博市的文化馆为例，通过新媒体平台的运用，成功地开展了一系列丰富多样的群众文化活动，为群众文化参与提供了新的机会和方式。随着互联网技术的迅猛发展，以微博、微信、抖音等为代表的新媒体平台成了人们获取信息、交流互动的主要渠道。新媒体平台具有便捷性、互动性和开放性的特点，为群众参与文化活动提供了崭新的平台。在这样的背景下，淄博市的文化馆积极探索新媒体平台的应用，取得了良好的效果。淄博市的文化馆通过微博、微信公众号等平台发布文化活动信息，吸引更多的群众参与。通过定时发布文化活动相关的信息，如演出、展览、讲座等，文化馆有效地扩大了信息传播的范围。相对于传统的宣传方式，新媒体平台可以更快速地传递信息，让更多的人了解文化馆的活动。此外，文化馆还通过抖音等短视频平台，拍摄文化活动宣传片，以更生动、娱乐化的方式吸引群众的参与。短视频的形式不仅能够吸引年轻人的关注，还能够提高群众对文化活动的兴趣和期待。除了活动宣传，文化馆还推出了线上互动活动，进一步增强群众的参与感和归属感。通过新媒体平台举办线上文化知识竞答、文化摄影比赛等活动，鼓励群众积极参与，展现自己的才华和创造力。群众可以通过在线提交作品，与其他参与者进行交流和互动，分享自己的文化体验和感悟。这种线上互动的方式不仅便于群众参与，而且能够迅速收集到更多的群众意见和建议。通过新媒体平台的运用，淄博市的文化馆实现了与群众互动的良好效果。首先，新媒体平台打破了时间和空间的限制，群众可以随时随地参与文化活动。以往，文化活动的参与往往需要到场或在特定时间收看，而现在通过新媒体平台，群众可以在线观看或参与，更加方便。其次，新媒体平台的互动性和开放性，增强了群众的参与感和归属感。通过留言、评论、点赞等功能，文化馆与群众能够实时互动，建立更加紧密的联系。群众的参与感和归属感的提升，也为文化馆提供了更好的机会来了解群众的需求和期待，进一步改进文化活动的策划和组织。最后，新媒体平台的高传播性和分享性，将文化活动的声音和影响力扩散至更广泛的群众中。通过群众的转发和分享，文化活动的影响力不断扩大，吸引更多的人参与进来。可以说，新媒体平台在群众文化工作中的作用非常重要。通过新媒体平台的运用，淄博市的文化馆成功地创新了群众文化活动的宣传和参与方式，加强了文化馆与群众的互动和沟通。然而，值得注意的是，新媒体平台的运用也面临着挑战。信息的过载、隐私保护等问题需要引起重视，并寻找相应的解决方案。同时，仅仅依赖新媒体平台也不能解决所有问题，还需要与传统媒体、实体场馆等形式相结合，形成多元化的群众文化工作模式。新媒体平台在群众文化参与中发挥的作用不可忽视。淄博市的文化馆在新媒体平台的引领下，成功地开展了丰富多样的文化活动，吸引了大量群众的参与，提升了群众对文化活动的兴趣和归属感。通过深入分析和总结经验，可以得出一些启示和建议：

充分利用新媒体平台的优势，拓宽群众文化参与的渠道和方式；创新活动形式和内容，吸引更多的群众参与；加强与群众的互动和沟通，增强群众的参与感和归属感；重视收集群众意见和建议，不断改进工作方式和方法。只有持续地创新和发展，充分利用新媒体平台的优势，才能推动群众文化事业的繁荣发展。

在数字化时代，公共文化服务体系的升级与数字技术的融合已经成为群众文化工作创新的重要途径。以某城市为例，我们可以明显看到数字化技术在公共文化服务中的应用以及这种应用为公共文化服务体系带来的优势和创新点。近年来，某城市致力于完善公共文化服务体系，以满足群众日益增长的文化需求。然而，随着数字技术的快速发展，传统的公共文化服务方式已经无法满足群众的需求。为了更好地服务群众，城市决定将数字技术与公共文化服务相结合，推动公共文化服务体系的数字化升级。首先，使用数字化技术对全市的公共文化资源进行了全面整合，建立了数字化资源库。这个资源库包括了各种类型的公共文化资源，如图书、电影、演出、展览等，群众可以通过网络平台方便地查询和使用这些资源。这种数字化资源的整合不仅提高了资源的利用率，还为群众提供了更多的选择和便利。其次，数字化技术将全市的公共文化活动进行了推广，扩大了活动的影响力，吸引了更多群众参与。该城市通过社交媒体、网站、移动应用程序等渠道，将公共文化活动进行数字化推广，使其更容易被大众所了解和参与。这不仅增加了活动的参与人数，还提高了活动的覆盖面和影响力。此外，数字化技术还为该城市的公共文化场馆提供了智能化管理手段。通过使用智能管理系统，场馆的管理人员可以实时了解场馆的使用情况，合理安排场次和资源，提高场馆的使用效率和管理水平。这种智能化管理方式减少了人工管理的烦琐和误差，提高了管理效率和服务质量。更重要的是，数字化公共文化服务体系通过网络平台将公共文化服务送到群众的家门口，大大提高了服务的覆盖面和便捷性。无论群众身处城市的哪个角落，都可以通过网络平台享受到公共文化服务。这种便捷的服务方式吸引了更多群众参与公共文化活动，也提高了公共文化服务的普及率和满意度。此外，数字化公共文化服务体系还利用数字技术实现智能化管理、智能化推荐等功能，提高了服务的智能化水平。通过大数据分析和人工智能技术，数字化公共文化服务体系可以根据用户的历史数据和偏好，为用户提供更加个性化和智能化的服务。这种智能化服务方式提高了服务的精准度和用户体验，也降低了服务成本。同时，数字化公共文化服务体系注重用户的需求和体验，通过数据分析和数字技术手段为用户提供更加个性化和智能化的服务。例如，数字化公共文化服务体系可以通过分析用户搜索和浏览记录，为用户推荐合适的公共文化资源和服务。这种个性化推荐服务提高了用户的满意度，也促进了公共文化服务的多元化和个性化发展。另外，数字化公共文化服务体系注重与相关行业的跨界合作，整合资源共同推动公共文化服务的发展。该城市积极与文化产业、科技企业、教育机构等跨界合作伙伴进行合作，共同探索数字化公共文化服务的新模式和新途径。通过跨界合作，数字化公共文化服务体系可以获得更多的资源和支持，共同推动公共文化服务的发展和创新。数字化技术为公共文化服务带来了巨大的变革和创新机会。通过数字化升级和跨界合作，公共文化服务体系提高了服务的覆盖面、便捷性和智能化水平，更好地满足了群众的文化需求。未来随着数字技术的进一步发展，公共文化服务体系与数字技术的融合将会更加深入。我们相信数字化公共文化服务体系将成为未来公共文化服务的重要发展方向，为更多群众提供高质量、高效率的文化服务。为了实现这一目标，我们需要不断创新和完善数字化公共文化服务体系。这包括但不限于：加强数字技术的研发和应用，提高服务的智能化和个性化水平；加强与相关行业的合作，共同探索数字化公共文化服务的新模式；加强数字素养教育，提高公众对数字化公共文化服务的认知和参与度；加强数据安全和隐私保护，确保数字化公共文化服务的可持续性和可信度。数字化公共文化服务体系是未来公共文化服务的重要发展方向。通过不断创新和完善，我们相信数字化公共文化服务体系将为更多群众提供高质量、高效率的文化服务，促进社会文化的繁荣和发展。

案例三：数字技术在文化活动中的创新应用

在数字化时代，数字技术的飞速发展对文化活动产生了深远的影响。随着数字技术的广泛应用，许多城市的文化中心、博物馆、社区和古镇都开始探索数字技术在文化活动中的创新应用，以提供更加丰富、便捷和个性化的文化服务。我们将通过具体的实地案例，详细探讨数字技术在文化活动中的创新应用，并分析其对群众文化工作的影响。在某市的文化中心，我们发现一家虚拟现实博物馆吸引了众多市民的关注。该博物馆利用虚拟现实技术，将传统的博物馆展览转化为沉浸式的虚拟体验。观众只需佩戴虚拟现实头盔，就能身临其境地游览各个展览，详细了解展品的历史背景和文化内涵。这种数字化呈现方式不仅打破了时间和空间的限制，让观众随时随地都能接触到丰富的文化资源，还通过交互式的展示方式，增强观众的参与感和体验感。据统计，该虚拟现实博物馆自开放以来，吸引了数万人次参观，成为当地文化活动的一大亮点。这个案例展示了数字技术如何通过虚拟现实技术为观众提供沉浸式的文化体验，增强了观众的参与感和兴趣，从而吸引了更多的人参与到文化活动中来。在另一个案例中，我们发现某社区创建了一个名为"文化共享空间"的在线平台。该平台利用社交媒体和在线论坛的功能，为居民提供了一个实时参与、分享观点的文化交流平台。居民可以在平台上发布自己的文化作品、参与文化话题的讨论、分享文化活动的信息。平台还通过算法分析用户的喜好和需求，为他们推荐合适的文化活动和文化产品。这种互动性的提升不仅增强了居民的参与感和归属感，也促进了文化的传播和交流。通过这个平台，居民们可以更加便捷地参与到各种文化活动中，丰富自己的精神生活。这个案例展示了数字技术如何通过社交媒体和在线论坛的功能，构建了一个实时、互动的文化交流平台，增强了居民的参与感和文化认同感。

在南方的一个古镇，我们看到了一个名为"非遗数字化"的项目正在如火如荼地进行。该项目利用数字扫描、三维建模等技术，将当地的非物质文化遗产，如传统手工艺、民间表演等转化为数字化形式进行保存和传承。通过数字化技术，这些非遗项目不仅可以在网络上进行展示和传播，还可以通过虚拟现实技术进行互动体验。这个案例展示了数字技术如何为非物质文化遗产的保护和传承提供了新的可能性。通过数字化技术，非遗项目可以跨越时空的限制，让更多的人了解和欣赏到这些珍贵的文化遗产。这个项目还吸引了年轻人的关注和参与，有助于非遗文化的传承和发展。

综上所述，这些具体的实地案例展示了数字技术在文化活动中的创新应用以及其对群众文化工作的影响。通过数字化呈现、互动性提升和文化传承等手段，数字技术为群众提供了更加丰富、便捷和个性化的文化服务。然而，在应用过程中也需要注意一些问题。

首先，数字技术的使用需要尊重版权和知识产权，避免侵权行为的发生。其次，数字技术的没入需要大量的资金支持，需要政府、企业和社会各界的共同努力。最后，数字技术的发展也需要适应不同群体的需求和文化背景，以提供更加包容和多样化的文化服务。未来，随着数字技术的不断发展和进步，相信其在文化活动中的应用将更加广泛和深入。同时，我们也需要不断探索和创新，以适应数字时代群众文化工作的新需求和新挑战。在数字化时代，数字技术将继续为文化活动带来深远的影响，为群众的文化生活带来更多的惊喜和变化。

案例四：智能导览系统在公共文化空间的应用

随着数字化时代的到来，智能导览系统在公共文化空间中的应用越来越受到关注和重视。它为游客提供了更智能、便捷、个性化的导览服务，极大地丰富了游客的观展体验。下面以某城市的公共文化空间为例，介绍智能导览系统在群众文化工作中的创新应用及其对公共文化空间的影响。某城市的公共文化空间作为一个重要的文化交流和展示平台，吸引了大量的群众和游客。为了更好地满足游客参观的需要，提升他们的观展体验，该公共文化空间引入了智能导览系统。通过智能导览系统，游客可以根据自己的兴趣和需求，获得个性化的导览服务。无论是参观一次性展览还是常设展览，游客都能够通过智能设备轻松获得展览的相关信息。智能导览系统基于先进的定位、感知和交互技术，可以准确地定位游客的位置，并根据游客的兴趣和需求，提供相应的导览内容。游客通过扫描二维码或使用手机 APP 等方式，进入智能导览系统。系统通过智能设备和互联网连接，提供多媒体介绍、音频解说、图文并茂的展品介绍等导览服务。游客可以根据自己的喜好和时间安排，选择参观的内容和路线。智能导览系统的个性化推荐功能，让游客可以根据自己的兴趣和参观历史，获取更加相关和有针对性的导览信息。系统会根据游客的浏览历史和兴趣选择，为其推荐相关的展览内容、文化活动或其他文化景点，进一步丰富了游客的文化体验。智能导览系统的应用大大提升了公共文化空间的参观体验和互动性。游客不仅可以按照自己的兴趣和需求参观，还可以通过互动功能与展览进行更加深入的互动。例如，在观赏一件艺术品时，系统可以提供艺术品的详细介绍，包括创作背景、艺术家介绍等，进一步增加了游客对文化作品的认知和理解。同时，通过系统的互动功能，游客还可以参与文化问答、数字游戏等互动环节，增强了游客的参与度和体验感。通过智能导览系统，游客可以更加自主地参观公共文化空间，根据个人兴趣和时间安排自由选择参观内容和路线。这使得游客在参观过程中更加有探索和发现的乐趣，提升了他们的观展体验。除了提升观展体验，智能导览系统的应用还能够为公共文化空间提供更多的数据和反馈。系统可以收集游客的参观数据和反馈信息，如参观时长、参观路径、参观兴趣等。通过对这些数据的分析，文化馆可以更好地了解游客的参观偏好和需求，优化展览策划和服务设计，提供更好的文化体验。智能导览系统在某城市公共文化空间的应用，为群众文化工作带来了创新的机会和方式。通过数字化技术的引入，公共文化空间能够更好地满足游客的参观需求，并提供个性化、多样化的导览服务。而且，智能导览系统提升了游客的观展体验和参与度，使得参观更加自主、便捷和丰富。另外，从收集游客的参观数据和反馈信息中，文化馆还可以更好地了解观众需求和提升展览设计的参考，进一步提升群众参观体验。智能导览系统在公共文化空间的应用为群众文化工作带来了新的机遇和挑战。它提供了更智能、便捷、个性化的导览服务，丰富了参观体验，提升了观众的参与度。但需要注意的是，在应用智能导览系统时，应更加注重个人信息的保护，保障游客的隐私安全。未来，随着技术的不断进步和创新，智能导览系统将在群众文化工作中发挥更重要的作用，为群众提供更好的文化体验和参观服务。

第六章

智能化时代的群众文化工作创新

一、智能化背景下的群众文化工作挑战

随着智能化技术的不断发展，群众文化工作也面临着越来越多的挑战。首先，智能化技术改变了人们的生活方式，也改变了群众文化工作的环境。传统的群众文化工作方式已经不能满足人们的需求，需要不断创新和改进。其次，智能化技术对群众文化工作的要求也越来越高，需要更加注重实效性和针对性，同时也需要注重质量和效果。最后，智能化技术也对群众文化工作提出了新的挑战，需要不断提高工作人员的素质和能力，以适应新的工作要求。智能化技术对群众文化工作的形式和内容提出了更高的要求。传统的群众文化工作方式往往是单一的、枯燥的，缺乏吸引力和感染力。而

智能化技术则可以通过多种形式和手段，如数字媒体、网络平台、虚拟现实等，将文化信息以更加生动、形象、有趣的方式呈现给观众，从而更好地满足观众的需求。但是，这也对群众文化工作提出了更高的要求，需要不断创新和改进，以适应新的工作形式和内容。

智能化技术对群众文化工作的组织和管理提出了更高的要求。传统的群众文化工作往往是分散的、独立的，缺乏系统性和协同性。而智能化技术则可以通过数字化、网络化、智能化的手段，将不同的文化资源和信息进行整合和共享，实现更加高效和便捷的管理和服务。这也对群众文化工作的组织和管理提出了更高的要求，需要不断提高工作人员的素质和能力，以适应新的工作要求和管理模式。

智能化技术对群众文化工作的安全和隐私保护提出了更高的要求。随着智能化技术的不断发展，网络攻击和数据泄露的风险也在不断增加。因此，在利用智能化技术开展群众文化工作的同时，也需要加强安全和隐私保护措施，确保群众文化工作的安全和隐私不受侵犯。智能化技术对群众文化工作提出了更高的要求和挑战，需要不断创新和改进，以提高工作效率和质量，更好地满足人民群众的需求。同时，也需要加强安全和隐私保护措施，确保群众文化工作的安全和隐私不受侵犯。

在智能化时代背景下，群众文化工作的创新面临着诸多挑战，其中最为明显的就是智能化与公共文化服务的融合挑战。随着科技的迅猛发展，智能化技术已经深入到了各个领域，包括文化服务领域。然而，智能化与公共文化服务的融合并非易事，需要克服诸多难题。智能化技术虽然带来了便捷和高效，但同时也带来了文化同质化、信息泛滥等问题。在智能化背景下，如何保持群众文化的多样性和特色，避免文化同质化，成为一个重要的问题。此外，智能化技术带来了信息获取的便利，但同时也带来了信息过载和虚假信息的风险。如何保证公共文化服务的准确性和可靠性，避免信息泛滥和误导群众，也是智能化与公共文化服务融合过程中需要解决的问题。智能化与公共文化服务融合还需要克服技术门槛和文化差异等难题。智能化技术的应用需要一定的技术基础和操作能力，而群众文化工作的受众往往涵盖了各个年龄层次和文化背景的人群，如何降低技术门槛，让更多人能够享受到智能化带来的便利是一个需要关注的问题。同时，不同地域、不同民族的文化差异也会对智能化与公共文化服务的融合产生影响，如何在尊重文化差异的同时实现智能化技术的广泛应用，也是一个值得思考的问题。智能化与公共文化服务融合面临着诸多挑战，需要在保持文化多样性、保证信息准确性、降低技术门槛和尊重文化差异等方面做出努力。只有克服这些挑战，才能真正实现智能化技术在群众文化工作中的广泛应用和推广，为群众提供更加便捷、高效、多样化的文化服务。

二、智能化技术在群众文化工作中的应用

在智能化时代，公共文化服务正在经历一场深刻的变革。人工智能技术的广泛应用，为公共文化服务提供了新的发展机遇，带来了创新。第一，人工智能技术可以提供个性化的文化服务。通过大数据分析，人工智能可以了解群众的文化需求和喜好，根据这些需求和喜好，提供个性化的文化服务。例如，智能推荐系统可以根据用户的历史行为和偏好，为用户推荐符合其兴趣的文化活动和内容，使用户能够更加精准地找到自己喜欢的文化产品。第二，人工智能可以提升公共文化服务的效率和质量。人工智能可以承担一些烦琐的工作，如图书馆的借还书流程、博物馆的导览服务等，释放人力，提高服务效率。同时，人工智能还可以通过智能化的方式，提升文化产品的质量。例如，通过人工智能技术，可以对传统文化进行数字化处理，使其更加精准地呈现给观众，提高观众的体验感。第三，人工智能可以为公共文化服务提供新的形式和内容。例如，虚拟现实技术可以创造沉浸式的文化体验，使观众能够深入地体验文化产品。人工智能还可以创作新的文化内容，如通过人工智能创作音乐、绘画等，为公共文化服务提供新的可能。第四，人工智能可以促进公共文化服务的普及和公平。通过智能手机、平板等

移动设备，人工智能技术可以使公共文化服务更加便捷地触及每一个人，无论他们身处何地。这对于促进公共文化服务的普及，实现文化服务的公平具有重要意义。

人工智能在公共文化服务的应用，不仅能够提升公共文化服务的效率和质量，也能够提供个性化的文化服务，促进公共文化服务的普及和公平。这为公共文化服务的发展提供了新的机遇，也带来了新的挑战。我们需要在推动人工智能技术在公共文化服务中的应用的同时，也要注意保护用户的隐私，确保服务的公平性，让人工智能技术在公共文化服务中发挥最大的效益。

在智能化时代，机器学习作为人工智能的一个重要分支，在群众文化工作中有着广泛的应用。机器学习可以通过对大量数据的分析和处理，实现对群众文化需求的精准把握，为群众文化工作提供科学决策支持。具体来说，机器学习可以帮助群众文化工作者更好地了解和把握群众的文化需求。通过对大量文化活动的参与数据、评价数据等进行分析，机器学习可以发现群众的文化偏好，为群众文化工作者提供有针对性的建议和指导，帮助他们更好地组织和策划文化活动，满足群众的文化需求。机器学习可以提高群众文化工作的效率和质量。通过对群众文化工作的历史进行分析，机器学习可以找出工作中的问题和不足，为群众文化工作者提供改进的方向和策略。同时，机器学习还可以通过自动化处理和分析大量数据，减轻工作人员的负担，提高工作效率。机器学习可以为群众文化工作者提供智能化的决策支持。通过对各种文化资源、文化活动、市场需求等方面的数据进行分析，机器学习可以为群众文化工作者提供科学的决策依据，帮助他们做出更加合理和有效的决策。机器学习可以为群众提供个性化的文化服务。通过对群众的行为数据、偏好数据等进行分析，机器学习可以为群众提供符合他们需求的文化产品和服务，提高群众的文化体验和满意度。机器学习在群众文化工作中的应用可以提高工作效率和质量，满足群众的文化需求，为群众提供个性化的文化服务。在智能化时代，我们应该积极探索和利用机器学习等技术，创新群众文化工作方式，为人民群众提供更加丰富多样、高质量的文化产品和服务。

三、智能化群众文化工作创新案例

案例一：智能化公共文化服务机器人

随着智能化时代的到来，群众文化工作的创新实践也越来越多。其中一个引人注目的案例是某市文化局推出的"智慧文化云"项目，该项目利用大数据和人工智能技术，构建了一个基于智能分析的用户文化需求响应系统。这一系统的实施，不仅提高了公共文化服务的效率和质量，也使群众能够享受到更加精准、个性化和便捷的文化服务，为群众文化工作创新提供了有力支持。在传统模式下，公共文化服务机构往往依赖于经验和主观判断来提供服务，这导致了服务供给与需求之间的不匹配。随着信息技术的快速发展，群众对文化生活的需求日益多样化、个性化，传统的服务模式已经无法满足这种需求。为了解决这一问题，某市文化局决定利用智能化技术，开发一个能够精准分析用户文化需求并快速响应的系统。"智慧文化云"系统主要包含数据采集、数据处理、智能分析和用户服务四个模块。通过在公共文化服务场所部署智能终端、摄像头等设备收集用户的行为数据，包括但不限于用户的浏览记录、搜索记录、消费记录、评价反馈等。为了保证数据的准确性和有效性，系统还采用了数据清洗和校验机制，对收集到的数据进行预处理。负责对采集到的数据进行清洗、整合和存储，为后续的智能分析提供高质量的数据支持。基于机器学习算法，对用户文化需求进行挖掘和分析，识别用户的文化偏好、兴趣点、需求趋势等信息。同时，该模块还具备自我学习和优化的能力，能够根据用户反馈和行为变化不断调整分析策略，提高分析的准确性和时效性。根据智能分析的结果，为用户提供个性化的推荐和文化活动定制服务。此外，系统还会根据用户反馈和数据分析结果，不断优化和改进系统功能。"智慧文化云"项目的成功实施，得到了广大群众的积极响应和高度评价。以下是一些具体的事例：系统通过对用户数据的分析，为张先生推荐了符合其兴趣和喜好的音乐会、电影、书籍等文化产品。这种个性化的推荐方式让张先生感到非常贴心和满意，也让他更加深入地了解了各种文化产品。系统为李女士提供了合适的舞蹈班和课程，并根据她的舞蹈水平和兴趣点为她匹配了合适的班级和教师。这种精准的匹配方式让李女士能够更快地提升自己的舞蹈水平，也让她在舞蹈班中找到了志同道合的朋友。系统收集了用户对文化服务的评价和反馈，并及时将这些信息反馈给服务提供者。这种实时的反馈机制使得服务提供者能够及时了解和改进服务质量，提高用户的满意度。据统计，"智慧文化云"项目实施以来，该市的文化服务满意度和参与度均有了显著提升。这种基于智能分析的用户文化需求响应系统在推动群众文化工作创新方面具有巨大的潜力和价值。未来，我们期待更多的智能化技术能够应用到群众文化工作中来，为群众带来更加丰富多彩的文化生活体验。总的来说，"智慧文化云"项目的成功实践表明，基于智能分析的用户文化需求响应系统在满足群众个性化需求、提高公共文化服务效率和质量方面发挥了重要作用。这一系统的推广和应用将有助于推动群众文化工作的创新和发展，促进公共文化服务的智能化和个性化。展望未来，随着人工智能技术的不断进步和应用，我们相信基于智能分析的用户文化需求响应系统将会有更广泛的应用前景和潜力。未来系统不仅可以应用于公共文化服务领域，还可以扩展到其他领域，如教育、医疗、旅游等，为更多的人群提供更加智能化、个性化和高效的服务。同时，我们期待更多的创新技术和应用模式能够涌现出来，为群众文化工作带来更多的活力和可能性。

案例二：基于智能分析的用户文化需求响应系统

为了更好地满足群众的文化需求，提高公共文化服务的效率和质量，某市的文化中心实施了一个基于智能分析的用户文化需求响应系统。这个系统的推出，对于解决人们日益多样化的文化需求提供了新的思路和方法，取得了显著的成效。该系统主要包括数据采集、数据处理、智能分析和用户服务四个模块。通过在公共文化服务场所部署智能终端、摄像头等设备，数据采集模块能够收集到用户的行为数据，为后续的分析提供了可靠的数据支持。数据处理模块负责对采集到的数据进行清洗、整合和存储，确保数据的高质量和可用性。智能分析模块基于机器学习算法，对用户文化需求进行挖掘和分析，并生成需求报告。用户服务模块根据需求报告，为用户提供个性化的推荐和文化活动定制服务。在实施过程中，文化中心与技术供应商密切合作，共同完成了系统的部署和调试工作。经过一段时间的运行，该系统在提高服务质量和用户满意度方面取得了显著成效。由于系统能够根据用户的喜好和习惯，智能推荐相关的文化活动和产品，用户能够更加精准地找到自己喜欢的文化产品。此外，系统还能实时监测用户对文化活动的参与情况，为管理人员提供决策支持，从而进一步提升公共文化服务的质量和运营效果。该系统的成功实施，为其他公共文化服务机构提供了宝贵的经验和借鉴。未来，该系统可以在更多的公共文化服务场所推广应用，为更多的群众提供更加智能化、个性化的文化服务。随着人工智能技术的不断进步，该系统还可以实现更多创新功能，比如虚拟现实体验、智能导览等，进一步提升公共文化服务的体验和质量。

基于智能分析的用户文化需求响应系统是智能化时代群众文化工作创新的一个成功案例。通过收集和分析用户数据，该系统能够为用户提供个性化的文化服务，提高公共文化服务的效率和质量。同时，该系统还可以为管理人员提供决策支持，促进公共文化服务的创新和发展。未来，随着人工智能技术的不断进步，该系统将有更广泛的应用前景和潜力。它将成为公共文化服务机构实现全面智能化管理和提供个性化文化服务的重要工具。通过系统的推广应用，群众能够更好地享受到丰富多样的文化活动和服务，公共文化事业也将进一步蓬勃发展。

案例三：智能化公共文化服务平台的构建

在智能化时代的背景下，公共文化服务面临着转型升级的挑战。为了更好地满足人民群众日益增长的文化需求，某市决定构建一个智能化公共文化服务平台，以创新的方式推动群众文化工作的开展。这个平台以人工智能技术为核心，通过整合各类文化资源和服务，为用户提供更加便捷、个性化的文化体验。首先，该平台通过大数据分析和人工智能算法，实现了用户需求的精准把握。通过收集用户的行为数据，如浏览记录、搜索记录、参与活动的情况等，平台能够深入挖掘用户的兴趣点和需求偏好。基于数据，平台能够为用户提供个性化的文化推荐，如相关的书籍、电影、展览等，满足用户多样化的文化消费需求。其次，智能化公共文化服务平台提供了丰富多样的文化服务内容。通过与各类文化机构合作，平台汇聚了大量的文化资源，包括数字图书、音乐、艺术品等。用户可以随时随地访问这些资源，享受便捷的文化服务。此外，平台还提供了线上线下的文化活动参与渠道，如讲座、研讨会、艺术表演等，使用户能够参与到文化活动中去。再次，智能化公共文化服务平台注重用户体验的提升。通过人工智能技术，平台提供了智能化的搜索和功能，帮助用户快速找到自己感兴趣的文化内容。此外，平台还提供了便捷的互动和反馈渠道，用户可以随时表达自己的意见和建议，参与到文化服务的改进中去。平台会根据用户的反馈和行为数据，不断优化和改进服务，提高用户的满意度。最后，智能化公共文化服务平台实现了公共文化服务的智能化管理。通过人工智能技术，平台能够实时监测和分析服务数据，为管理人员提供决策支持。例如，平台可以分析用户的访问量、参与度等指标，帮助管理人员了解服务的受欢迎程度，调整服务策略。此外，平台还可以预测用户的需求趋势，帮助管理人员提前做好准备，提供更加贴心的服务。通过构建智能化公共文化服务平台，某市的文化服务水平得到了显著提升。用户能够享受到更加个性化、便捷的文化服务，满足自己的文化需求。同时，公共文化服务机构也能够通过数据驱动的决策，提高服务的质量和效率。这个平台展示了智能化技术在群众文化工作中的巨大潜力和价值，为其他城市提供了宝贵的经验和借鉴。未来，随着人工智能技术的不断进步，智能化公共文化服务平台将在更多的地方得到推广和应用，为群众带来更加丰富、智能、便捷的文化服务体验。

四、创新智能化时代的群众文化工作应采取的策略

在智能化时代，群众文化工作的创新与发展离不开对智能化技术的深入应用。为了确保这一过程能够顺利推进，加强智能化技术的培训和推广显得尤为重要。这不仅关系到文化工作者自身技能的提升，更直接影响到群众文化活动的质量和效果。文化部门应定期组织技术培训课程，邀请专业人士讲解智能化技术在文化工作中的应用原理、操作方法和最佳实践案例。培训内容应涵盖数据分析、人工智能、虚拟现实等多个领域，确保文化工作者能够全面掌握相

关技能。同时，建立技术交流平台，让文化工作者能够分享经验、交流心得，共同提升技术水平。通过举办技术展示活动、文化体验活动等形式，让群众亲身感受智能化技术带来的全新体验。例如，利用虚拟现实技术重现历史场景，让群众沉浸其中，感受传统文化的魅力；通过大数据分析，精准推送符合群众兴趣的文化活动信息，提高参与度和满意度。这些应用不仅能够增强群众对智能化技术的认知，还能激发他们对文化活动的热情。此外，加强智能化技术的培训和推广，还需要注重实际效果。为确保培训内容和实际应用相结合，文化部门应定期评估培训效果，收集文化工作者和群众的反馈意见，及时调整培训内容和方式。同时，建立激励机制，对在智能化技术应用中取得突出成绩的文化工作者给予表彰和奖励，激发他们进一步探索和创新的动力。加强智能化技术的培训和推广需要形成长效机制。文化部门应将智能化技术培训纳入日常工作范畴，确保培训的持续性和系统性。同时，加强与高校、研究机构等的合作，共同推动智能化技术在群众文化工作中的应用和发展。通过不断努力，使智能化技术成为提升群众文化活动品质、推动文化事业发展的重要支撑力量。

在智能化时代，创新智能化群众文化工作需要采取相应的策略和措施。其中，建立智能化群众文化工作平台是其中的一个重要方向。在智能化时代，优化服务流程是创新智能化群众文化工作的首要任务。传统的服务方式已经不能满足群众日益增长的文化需求，因此需要建立智能化群众文化工作平台，通过平台提供更加便捷、高效、个性化的服务。智能化群众文化工作平台需要整合各种文化资源，包括文化产品、文化活动、文化人才等，为群众提供更加丰富多样的文化选择。同时，平台还需要加强与其他公共文化服务机构的合作，实现资源共享和互利共赢。智能化群众文化工作平台需要加强数据管理，包括数据采集、数据存储、数据分析等方面。通过数据管理，平台可以更好地了解群众的文化需求和喜好，为个性化推荐和文化活动策划提供支持。同时，数据管理还可以帮助平台优化服务流程，提高服务质量和效率。智能化群众文化工作平台需要加强用户参与和反馈机制，通过用户评价、用户互动、用户反馈等方式，了解用户的需求和反馈，不断优化平台功能和服务内容。同时，平台还可以利用大数据分析技术，为用户提供更加精准的文化推荐和服务。建立智能化群众文化工作平台是创新智能化时代群众文化工作的关键措施之一。通过优化服务流程、整合资源、加强数据管理和用户参与反馈机制等措施，可以促进公共文化服务的创新和发展，实现文化资源的合理配置和文化服务的普惠性。同时，这也需要相关政府部门、公共文化服务机构和社会各界的共同努力和支持。

随着信息技术的发展，人们对于文化的需求越来越多样化和个性化，只有通过及时了解用户的反馈和需求，才能更好地满足他们的文化需求，推动群众文化工作的创新。首先，群众文化工作应该搭建起一个有效的用户反馈机制。通过多种渠道，如线上问卷调查、社交媒体平台、电话客服等，及时收集用户对文化服务的意见、建议和意愿。这些反馈可以是对现有服务的评价，也可以是对新产品、活动的期待和需求。同时，要确保用户能够方便地反馈意见，比如提供简洁明了的反馈界面和回报机制，鼓励用户积极参与。其次，群众文化工作需要对用户的反馈进行及时的整理和分析。收集到的反馈信息应该进行分类整理，将相似的问题和意见归为一类。然后，针对每一类问题和意见进行深入的分析和研究。通过分析用户的反馈，可以发现潜在的问题和痛点，了解用户的真实需求和期望。这些分析结果将为群众文化工作的改进和创新提供重要的参考依据，进一步地将用户的需求融入产品和服务的设计中。基于对用户反馈的分析结果，可以有针对性地设计新的文化产品和活动，满足用户的实际需求。在产品和活动的策划过程中，要时刻关注用户的反馈和意见，并尽可能地将其反映到设计中。这样可以确保所提供的文化服务与用户的期望更加接近，提高用户的满意度和参与度。最后，群众文化工作应该与用户建立良好的沟通和互动机制。通过与用户的互动，可以更好地了解用户的需求和意愿，并及时传递有关文化服务的信息。可以借助互动社交媒体平台，如微博、微信等，开展线上互动活动，如问答、投票等，与用户进行直接的互动。同时，要发挥群众文化工作人员的主动作用，主动与用户展开对话，了解他们的想法和需求，建立起良好的互动关系。通过注重用户反馈和需求分析，群众文化工作可以更加贴近用户的需求，提供更加优质的文化服务。此外，在整个改进和创新的过程中，要持续进行用户反馈和需求分析，不断优化和完善服务，与用户保持紧密联系。只有通过持续的反馈和分析，群众文化工作才能不断创新，满足人民群众对文化的多样化和个性化需求，推动文化事业的健康发展。

加强对智能化技术的监管和评估显得尤为重要。这不仅是为了确保智能化技术健康、有序地发展，更是为了保障群众文化活动的质量和安全。因此，我们应采取一系列策略来加强智能化群众文化工作的监管和评估。

第一，建立健全监管机制。制定和完善智能化群众文化工作的相关法规和标准，明确技术应用的范围、边界和限制。同时，建立专门的监管机构或部门，负责监督智能化技术在群众文化工作中的应用情况，确保其符合法规和标准要求。对于违规行为应依法进行处罚并公开曝光，以儆效尤。

第二，实施定期评估制度。定期对智能化群众文化工作进行全面、客观的评估，包括技术应用的效果、群众参与度、社会反响等方面。评估结果应作为优化技术应用和改进文化活动的重要依据。同时，建立评估报告发布制度，将评估结果和改进措施公之于众，接受社会监督。

第三，强化风险评估与防范。智能化技术在群众文化工作中的应用，可能带来一定的风险和挑战，如数据安全、隐私保护、文化冲击等。因此，我们应建立风险评估机制，对智能化技术可能带来的风险进行定期评估，并采取相应的防范措施。同时，加强与技术供应商、专家学者的沟通合作，共同应对潜在风险。

第四，促进公众参与与监督。群众是智能化群众文化工作的直接受益者，也是监管和评估的重要参与者。我们应建立公众参与机制，鼓励群众对智能化技术的应用提出意见和建议，促进公众参与监管和评估工作。同时，通过公开透明的信息发布和互动平台，让群众了解智能化技术应用的进展和成效，增强公众对智能化群众文化工作的信任和支持。

加强智能化群众文化工作的监管和评估是推动其健康、有序发展的关键所在。通过建立健全监管机制、实施定期评估制度、强化风险评估与防范以及促进公众参与与监督等措施的落实和执行，我们将能够更好地发挥智能化技术在群众文化工作中的积极作用，为群众提供更加丰富、多样、高质量的文化活动和服务。

五、群众文化工作智能化发展展望

智能化技术的发展趋势是一种广泛应用和逐步深入的趋势。在当今世界，人工智能作为智能化技术的重要代表，正引领着智能化技术的进一步发展。在自然语言处理、机器学习和计算机视觉等多个领域，人工智能已经取得了显著的突破。随着算法和计算能力的不断提升，人工智能将能够实现更复杂的任务和更强大的智能化系统。这将极大地促进智能化技术在各行各业的应用，为智能化时代的群众文化工作提供强有力的技术支持。

物联网技术作为智能化技术的重要组成部分，也在不断取得突破。物联网技术能够将各种设备和传感器实现互联互通，形成一个庞大的数据网络。通过物联网技术，各种智能设备可以相互协作，实现智能化的控制和管理。这一技术的不断发展，将使得智能化技术在群众文化工作中的应用更加广泛和深入，有助于提升公共文化服务的质量和效率。

大数据技术在智能化技术的发展中扮演着举足轻重的角色。随着数据量的不断增加，如何高效地处理和分析这些数据成为关键。大数据技术可以帮助我们从海量数据中提取出有价值的信息和知识，为智能化决策和预测提供支持。这一技术的应用，将使得群众文化工作更加精准地满足广大人民群众的文化需求，推动文化事业的繁荣发展。

云计算技术的发展也将为智能化技术的应用提供强大的支持。云计算技术可以提供大规模的计算和存储资源，使得智能化系统能够快速地进行计算和处理，提高系统的性能和效率。这一技术的应用，将为智能化时代的群众文化工作提供强大的技术保障，有助于实现公共文化服务的智能化、个性化和便捷化。

总之，智能化技术的发展趋势包括人工智能的突破、物联网技术的进步、大数据技术的应用和云计算技术的发展。这些技术的不断创新和融合将为群众文化工作的智能化发展提供坚实的基础。在智能化技术的推动下，群众文化工作将能够更加高效、便捷地服务于广大群众，推动文化事业的繁荣发展。同时，智能化技术的广泛应用和逐步深入也将有助于提升广大人民群众的文化生活水平，实现全民共享文化成果的目标。

在未来的发展中，群众文化工作的智能化发展将朝着以下几个方向不断推进。首先，智能化技术将进一步推动公共文化服务的普及和便捷化。通过智能化技术的应用，公共文化服务可以更加精准地满足人民群众的需求，提供更加个性化和便捷的文化体验。例如，通过智能化的搜索和推荐系统，用户可以更加方便地找到自己感兴趣的文化内容，不再需要大量时间和精力去搜寻信息；通过智能化的管理平台，公共文化机构可以更加高效地管理和组织资源，提供更加优质的服务。用户可以通过智能终端随时随地享受文化服务，无论是观看电影、阅读图书还是参观艺术展览，在时间和空间上都更加自由灵活。其次，智能化技术将进一步促进公共文化服务的创新和多样化。通过引入新的智能化技术，如虚拟现实、增强现实、人工智能等，公共文化服务可以更加生动、有趣，并且具有更强的互动性。虚拟现实技术可以为用户提供与实物近乎真实的沉浸式体验，增强现实技术可以将虚拟信息与现实场景相结合，人工智能技术可以提供个性化的推荐和支持。通过这些智能化技术的应用，公共文化活动和展览可以变得更加有趣、互动性更强，吸引更多的用户参与。再次，智能化技术将推动公共文化服务的跨界融合和协同创新。随着智能化技术的发展，不同领域之间的界限逐渐模糊，公共文化服务也可以与其他领域进行跨界融合，实现协同创新。例如，公共文化服务可以与教育、旅游、医疗等领域进行融合，通过文化活动、文化资源和智能化技术的结合，为用户提供更加丰富、多元的文化体验。通过与其他领域的合作，公共文化服务可以与旅游景点、教育机构、医疗机构等相互支撑，形成良性的互动关系。最后，智能化技术将有助于提升公共文化服务的可持续性和绿色发展。通过智能化技术，公共文化服务可以更加注重资源的节约和环境的保护，实现可持续发展。例如，通过智能化的能源管理系统，公共文化机构可以更加高效地利用能源，减少能源浪费；

通过智能化的垃圾分类系统，可以减少环境污染，实现绿色发展。智能化技术的应用将有效降低资源消耗，提高服务效率，为公共文化工作的可持续发展提供强有力的支持。群众文化工作智能化发展的方向包括普及和便捷化公共文化服务、促进创新和多样化、推动跨界融合和协同创新以及注重可持续性和绿色发展。这些方向的实现需要智能化技术的不断创新和推广应用，同时也需要公共文化机构不断探索和创新，以满足人民群众日益增长的文化需求。相信在不久的将来，随着智能化技术的推动，群众文化工作将不断迈向新的高度，为文化事业的繁荣发展贡献更多的力量。

在智能化时代的浪潮下，群众文化工作正迎来前所未有的发展机遇，同时也面临着诸多挑战。展望未来，智能化群众文化工作将如何发展，其挑战与机遇并存，值得我们深入探讨。

挑战之一：技术更新换代的快速性。随着科技的飞速发展，智能化技术不断更新换代，群众文化工作者需要不断学习和适应新技术，以保持与时俱进。然而，技术更新换代的快速性也给群众文化工作带来了压力和挑战。文化工作者需要在有限的时间和精力内，快速掌握新技术，并将其应用于实际工作中。这需要文化工作者具备强大的学习能力和适应能力，同时，也需要文化部门提供持续的技术培训和支持。

挑战之二：数据安全和隐私保护。在智能化群众文化工作中，大量数据被收集、分析和利用。这些数据涉及群众的个人隐私和信息安全，一旦泄露或被滥用，将给群众带来不可估量的损失。因此，如何确保数据安全、保护群众隐私成为智能化群众文化工作面临的重大挑战。这需要加强数据管理和监管，建立健全数据安全保护机制，同时，也需要提高文化工作者的数据安全意识，确保数据安全。

挑战之三：文化多样性和个性化的需求。在智能化时代，群众的文化需求呈现出多样性和个性化的特点。如何满足不同群体的文化需求，提供个性化的文化服务，成为智能化群众文化工作的重要挑战。这需要文化工作者深入了解群众的文化需求，利用智能化技术精准推送符合群众兴趣的文化活动和服务。同时，也需要注重保护和传承传统文化，推动文化多样性发展。

然而，面对这些挑战，智能化群众文化工作也迎来了前所未有的机遇。

机遇之一：智能化技术提升文化服务质量。智能化技术的应用可以大幅提升群众文化工作的服务质量和效率。例如，通过大数据分析，可以精准了解群众的文化需求，提供个性化的文化服务；通过虚拟现实、增强现实等技术，可以打造沉浸式的文化体验，让群众身临其境地感受文化的魅力。这将大大提升群众参与文化活动的积极性和满意度。

机遇之二：智能化技术促进文化创新。智能化技术的应用为文化创新提供了无限可能。通过智能化技术，可以将传统文化与现代科技相结合，创造出全新的文化产品和服务。这将有助于推动文化产业的创新发展，满足群众日益增长的文化需求。

机遇之三：智能化技术拓展文化传播渠道。智能化技术的应用为文化传播提供了更广阔的渠道和平台。通过互联网、社交媒体等渠道，可以将文化活动和信息迅速传播给更多的人，扩大文化的影响力。这将有助于提升文化的社会认知度和影响力，推动文化事业的繁荣发展。未来智能化群众文化工作虽然面临着技术更新换代、数据安全和隐私保护、文化多样性和个性化需求等挑战，但也迎来了提升文化服务质量、促进文化创新、拓展文化传播渠道等机遇。只有抓住机遇、应对挑战，才能推动智能化群众文化工作不断向前发展，为群众提供更加优质、多样、个性化的文化服务。

第七章

网络化时代的群众文化工作创新

一、网络化背景下的群众文化工作挑战

网络化背景下的群众文化工作面临着许多新的挑战和机遇。在互联网技术不断发展的今天，网络化对公共文化服务产生了深远的影响。为了更好地应对这些挑战和机遇，我们需要加强公共文化服务的网络化建设。随着互联网的普及和数字化技术的发展，人们获取文化资源的方式正在发生深刻的变化。为了满足人们日益增长的文化需求，我们需要加强网络化建设，提高公共文化服务的网络化水平。具体来说，我们可以通过建立数字化文化资源库、开展线上文化活动、推广网络文化服务等途径，让更多的人能够方便地获取文化资源，享受文化服务。

第一，需要推动公共文化服务的资源整合和共享。传统的公共文化服务资源分散，难以实现有效的整合和共享。而网络化技术的发展，使得公共文化服务资源能够通过网络平台实现跨地区、跨部门的整合和共享，从而更好地满足群众的文化需求。因此，我们需要加强公共文化服务资源的整合和共享，建立统一的文化资源平台，实现文化资源的共享和优化配置。

第二，需要推动公共文化服务的创新。传统的公共文化服务方式相对单一，缺乏创新性和吸引力。而网络化技术的发展，为公共文化服务的创新提供了更多的可能性。例如，可以利用网络平台开展线上讲座、线上展览、线上演出等活动，吸引更多的群众参与。同时，也可以通过网络平台开展文化创意产品的开发和文化产业的发展，推动公共文化服务与经济社会的融合发展。因此，我们需要积极创新公共文化服务的方式和方法，提高公共文化服务的吸引力和影响力。

第三，需要加强公共文化服务的监管和管理。网络化技术的发展在带来便利的同时，也带来了安全和隐私等方面的风险。因此，需要加强公共文化服务的监管和管理，确保网络化公共文化服务的健康、安全和可持续发展。

总的来说，我们需要建立健全的网络文化服务监管机制，加强对网络文化服务的管理和监督，确保网络文化服务的合法性和安全性。网络化背景下的群众文化工作面临着许多新的挑战和机遇。我们需要积极应对这些挑战，充分利用网络化技术带来的优势，推动群众文化工作的创新和发展。通过加强公共文化服务的网络化建设、推动公共文化服务的资源整合和共享、推动公共文化服务的创新以及加强公共文化服务的监管和管理，我们可以更好地满足人们日益增长的文化需求，推动公共文化服务的发展、群众文化工作的创新和发展。

随着网络化时代的到来，群众文化工作面临着许多机遇和挑战。网络化时代的到来，为群众文化工作提供了新的传播方式和渠道。网络媒体具有传播速度快、覆盖面广、互动性强等优势，能够迅速将文化信息传播到各个角落，扩大群众文化的影响力。网络媒体的出现，使群众文化工作者能够更加便捷地与广大网友进行互动，获取反馈，不断完善和改进工作。通过网络媒体，群众文化工作者可以发布活动信息、展示文化成果、与网友进行交流，使群众文化工作更加贴近群众、贴近生活。

然而，网络化时代也给群众文化工作带来了许多挑战。网络信息的多样性、复杂性和不确定性，使得群众文化工作面临着更加严峻的舆论环境。网络上各种信息混杂，真假难辨，容易误导群众，影响群众文化的健康发展。

同时，网络化时代对群众文化工作者的素质和能力提出了更高的要求。网络媒体需要群众文化工作者具备较高的信息素养和网络技能，能够熟练运用各和网络工具和平台，开展有效的宣传和推广工作。群众文化工作者还需要具备较强的创新能力，能够运用多媒体手段开展丰富多彩的文化活动，吸引更多的群众参与。

除此之外，网络化时代还对群众文化工作的内容和方法提出了新的要求。传统的群众文化工作往往以线下活动为主，形式和内容相对单一。而在网络化时代，群众文化工作需要更加注重线上线下的融合，充分利用网络平台和多媒体手段，开展线上线下相结合的文化活动。此外，网络化时代还要求群众文化工作者具备更加开放、包容的心态，能够接受新的观念和创意，不断创新工作方式和方法。

综上所述，网络化时代为群众文化工作带来了新的机遇和挑战。为了应对这些挑战，我们需要加强网络舆情引导和管理，提高群众文化工作者的素质和能力，创新工作方式和方法，推动群众文化工作的健康发展。具体来说，我们可以从以下几个方面入手：首先，加强网络舆情引导和管理。在网络化时代，我们需要加强对网络舆情的监测和分析，及时掌握舆情动态，引导舆论方向。这需要我们建立完善的舆情监测机制，及时发现和处理不良信息，避免对群众文化工作造成负面影响。同时，我们还需要加强与网友的互动和沟通，积极回应网友关切，增强群众文化工作的公信力和影响力。其次，提高群众文化工作者的素质和能力。我们需要加强对群众文化工作者的培训和教育，提高他们的信息素养和网络技能。同时，我们还需要培养他们的创新意识和创新能力，鼓励他们不断探索新的工作方式和手段，推动群众文化工作的创新发展。这需要我们提供更多的培训机会和资源，使他们能够更好地适应网络化时代的要求。再次，创新工作方式和方法。我们需要充分利用网络平台和多媒体手段开展丰富多彩的文化活动。例如，我们可以利用社交媒体、短视频、直播等新媒体形式来宣传和推广群众文化活动；可以通过在线征集、投票、互动等方式来吸引更多的群众参与；可以通过虚拟现实、增强现实等技术来打造沉浸式文化体验等。此外，我们还需要注重线上线下的融合。传统的群众文化工作往往以线下活动为主，而在网络化时代，我们不能忽视线上的宣传和推广作用。我们需要加强与线下文化机构的合作和交流，共同推动群众文化工作的健康发展。只有将线上线下的资源整合起来，才能更好地满足人民群众的精神文化需求。

面对网络化时代的机遇和挑战，我们需要不断创新和改进群众文化工作方式和方法。只有通过加强网络舆情引导和管理、提高群众文化工作者的素质和能力、创新工作方式和方法等措施来应对挑战，才能使群众文化工作在网络化时代中不断发展壮大。

二、网络化技术在群众文化工作中的应用

随着网络化时代的到来，社交媒体已经深入渗透进人们生活的方方面面，在群众文化工作中的应用也日益显现出其重要性。社交媒体的普及不仅改变了人们的信息获取和沟通方式，还为群众文化工作提供了新的传播渠道和互动平台。下面将详细探讨社交媒体在群众文化工作中的应用，并分析其带来的机遇与挑战。

社交媒体成为群众文化传播的新渠道。传统的群众文化工作通常依赖于线下活动、宣传栏、电视广播等渠道进行传播，而社交媒体的兴起则为文化工作者提供了新的传播路径。通过微博、微信、抖音等社交媒体平台，文化工作者可以迅速将文化活动、作品展示、知识普及等内容传播给广大用户。这些平台具有用户基数大、传播速度快、互动性强等特点，使得群众文化的传播更加高效和广泛。

社交媒体促进群众文化的互动与参与。社交媒体不仅是一个信息传播的工具，更是一个互动的平台。通过社交媒体，群众可以实时参与文化活动的讨论、分享自己的见解和感受，还可以对文化活动进行点赞、评论、转发等操作，形成良好的互动氛围。这种互动不仅增强了群众对文化活动的参与感和归属感，也为文化工作者提供了宝贵的反馈和建议，有助于他们更好地了解群众需求，优化

文化活动的设计和实施。

社交媒体助力群众文化工作的创新与发展。社交媒体上汇聚了海量的用户信息和数据资源，为文化工作者提供了丰富的创作灵感和素材。通过对这些数据的分析和挖掘，文化工作者可以深入了解群众的文化需求、喜好和趋势，从而创作出更加贴近群众、具有时代特色的文化作品。同时，社交媒体上的互动和讨论也可以激发文化工作者的创作灵感，推动群众文化的创新与发展。

社交媒体在群众文化工作中应用的挑战与对策。尽管社交媒体为群众文化工作带来了诸多机遇，但同时也面临着一些挑战。例如，信息繁杂、虚假信息泛滥等问题可能影响群众对文化活动的信任度和参与度；社交媒体平台的算法推荐也可能导致信息茧房效应，限制群众的文化视野。因此，文化工作者在利用社交媒体开展工作时，需要加强信息审核和管理，提高信息的真实性和可信度；同时，也需要注重算法的合理使用和优化，避免信息茧房效应的产生。此外，文化工作者还应不断提升自身的媒介素养和数字化能力，以适应网络化时代对群众文化工作的新要求。

社交媒体在群众文化工作中的应用具有广阔的前景和巨大的潜力。通过充分利用社交媒体的传播优势、互动特点和数据资源，我们可以推动群众文化工作的创新发展，满足群众日益增长的文化需求，为构建和谐社会贡献力量。同时，我们也需要关注社交媒体应用中面临的挑战和问题，并采取有效的对策加以解决，以确保群众文化工作在网络化时代能够健康、有序地发展。

云计算是指通过网络将计算资源（包括计算能力、存储空间和数据）提供给用户使用的一种计算模式。在网络化时代的群众文化工作中，云计算技术具有广泛的应用前景。第一，云计算提供了强大的计算资源支持，为公共文化服务的数字化和智能化提供了可能。传统的公共文化服务往往受限于有限的计算资源，无法满足大规模数据处理、复杂模型训练等需求。而云计算技术可以提供强大的计算能力和存储空间，能够满足公共文化服务在数字化、智能化方面的需求。通过云计算，可以将公共文化资源数字化存储、智能化分析，实现对大规模数据的高效处理和分析，从而提供更好的公共文化服务。第二，云计算促进了公共文化服务的资源共享和整合。云计算技术打破计算资源的地域限制，实现了全球范围内的资源共享。公共文化机构可以将自己的文化资源存储在云服务器上，通过云平台进行共享和交换，实现跨地区、跨机构的资源整合。这将使公共文化服务更加丰富多样，能够满足不同地区、不同群体的文化需求。第三，云计算可以随时随地提供公共文化服务。通过云计算技术，公共文化服务可以实现线上化，群众可以通过网络平台随时随地获取到所需的文化服务。例如，利用云计算技术，可以在线上平台上建立文化馆、博物馆等虚拟场馆，提供虚拟展览和线上观览功能；同时，也可以通过云平台提供文化节目、电影、音乐等线上娱乐服务，方便群众在家中享受文化生活。第四，云计算提供了高效的公共文化服务管理和监管。传统的公共文化服务往往面临着资源管理和监管的难题。而云计算技术可以通过数字化、智能化的方式实现对公共文化服务的管理和监管。通过云计算，可以建立文化资源的数据库，实现文化资源的统一管理和智能化分析；通过云平台，可以对公共文化服务进行实时的监控和评估，提供决策支持。

云计算技术在网络化时代的群众文化工作中具有重要的应用价值。利用云计算技术，可以提供强大的计算资源支持，促进公共文化服务的数字化和智能化；实现公共文化资源的共享和整合；提供随时随地的公共文化服务；实现高效的公共文化服务管理和监管。这些应用将进一步推动群众文化工作的创新和发展。

三、网络化群众文化工作创新案例

案例一：社交媒体驱动的文化活动参与模式

近年来，随着社交媒体的快速发展，越来越多的群众文化活动开始采用社交媒体驱动的参与模式，通过社交媒体平台吸引更多的人参与文化活动。以上海市为例，让我们来看一下社交媒体驱动的文化活动参与模式。上海市既是经济中心，也是文化交流的重要城市，每年举办了许多文化活动。其中一个成功案例是上海艺术节的社交媒体参与模式。上海艺术节是上海市的重要文化盛事，以艺术演出、展览、讲座等形式向公众展示了丰富多样的文化艺术活动。而在过去，观众参与水平相对较低，很多活动只有少数人才能参与。然而，随着社交媒体的兴起，上海艺术节开始采用社交媒体驱动的文化活动参与模式，通过社交媒体平台吸引更多的人参与活动。首先，上海艺术节创建了官方社交媒体账号，并积极在微博、微信、抖音等平台上发布活动信息和精彩片段，吸引观众的关注和参与。其次，上海艺术节积极与观众互动，利用社交媒体平台上的直播、留言评论等功能，与观众进行实时互动。观众可以通过社交媒体平台向艺术家提问、表达观点，艺术家也会通过社交媒体平台回应观众的提问和评论，增加了观众与艺术家之间的互动性。此外，上海艺术节还充分利用社交媒体平台的分享和传播功能，通过用户生成的内容扩大了活动的影响力。观众可以在社交媒体平台上分享他们参与上海艺术节的照片、视频和感受，让更多的人了解和关注上海艺术节。同时，上海艺术节也通过社交媒体平台开展线上互动活动，例如举办线上摄影比赛、舞蹈挑战赛等，吸引更多人参与和关注。通过社交媒体驱动的参与模式，上海艺术节取得了显著的成果。首先，观众参与程度明显提高。通过社交媒体平台，观众可以随时随地获取活动信息，了解艺术节的最新动态，可以通过评论和互动与艺术家沟通，增加了观众对文化活动的关注和参与热情。其次，社交媒体驱动的参与模式扩大了活动的影响力。通过用户生成的内容和分享，上海艺术节获得了更多的曝光和口碑，吸引了更多人参与文化活动。此外，社交媒体的传播效应也使得上海艺术节的影响力打破了传统媒体的局限。上海艺术节的社交媒体驱动的文化活动参与模式的成功，不仅为观众提供了更多的参与机会和参与方式，也促进了文化艺术与观众之间的互动和交流。通过社交媒体平台，观众可以与艺术家和其他观众进行交流，分享自己的观点和体验，使文化活动更加亲民化、多元化。社交媒体驱动的文化活动参与模式在上海艺术节取得了显著的成功。通过社交媒体平台的互动、分享和传播功能，上海艺术节吸引了更多的观众参与和关注，促进了观众与艺术家之间的互动和交流。此案例体现了社交媒体在群众文化工作中的重要作用，为其他地区和文化机构提供了有益的借鉴和参考。随着社交媒体的不断发展和创新，相信社交媒体驱动的文化活动参与模式将在群众文化工作中发挥更大的作用，推动文化艺术与观众之间的互动和交流不断深化。

案例二：基于云计算的公共文化资源共享平台

在网络化时代，随着信息技术的快速发展，云计算作为一种新兴的信息技术架构，正逐渐成为推动公共文化服务创新的重要手段。长沙市作为湖南省的省会，近年来在文化建设方面积极探索，充分利用云计算技术，打造了一个公共文化资源共享平台，为市民提供了丰富多样的文化服务，取得了显著成效。长沙市作为一座历史文化名城，拥有丰富的文化资源。然而，随着城市化进程的加快和人口规模的不断扩大，传统的文化服务模式已经难以满足市民日益增长的文化需求。为了解决这个问题，长沙市政府积极响应国家关于推动公共文化服务数字化、网络化的号召，决定利用云计算技术，构建一个覆盖全市的公共文化资源共享平台。

该平台的建设不仅有助于整合和优化全市的文化资源，提高文化服务的覆盖率和质量，还能够推动文化产业的创新发展，增强城市的文化软实力。同时，通过云计算技术的应用，可以实现文化资源的动态管理和高效利用，提高文化服务的智能化和个性化水平，更好地满足市民的多样化需求。长沙市公共文化资源共享平台采用了先进的云计算架构，将计算、存储、应用等资源集中部署在云端，通过虚拟化技术实现资源的动态分配和灵活调度。平台采用了高性能的分布式存储系统，确保文化资源的海量存储和高速访问。同时，平台还集成了大数据分析、人工智能等技术，实现了对用户行为的精准分析和个性化推荐。

在技术特点方面，平台注重安全性、稳定性和可扩展性。通过多层次的安全防护措施，确保平台数据的安全性和完整性；采用可用性高的架构设计，确保平台的稳定运行；通过弹性扩展机制，实现平台资源的快速扩展和灵活调整。长沙市公共文化资源共享平台汇聚了全市范围内的各类文化资源，包括图书馆、博物馆、文化馆、艺术院团等机构的数字资源以及各类非物质文化遗产、地方特色文化资源等。这些资源经过数字化处理和整合，形成了丰富的数字资源库，供市民在线浏览、下载和共享。

在服务内容方面，平台提供了多种形式的文化服务，如在线阅读、数字展览、虚拟导览、在线演出等。市民可以通过电脑、手机等终端设备随时随地访问平台，享受便捷的文化服务。同时，平台还开展了文化讲座、培训班等线下活动，丰富了市民的文化生活。

为了确保平台的持续运营和广泛推广，长沙市政府采取了一系列策略。首先，加强与各类文化机构的合作，不断丰富平台资源；其次，开展多种形式的宣传活动，提高市民对平台的认知度和使用率；再次，建立用户反馈机制，及时收集和处理用户意见和建议，不断优化平台服务；最后，加强与国内外先进平台的交流与合作，学习借鉴先进经验和技术。

经过几年的运营和推广，长沙市公共文化资源共享平台取得了显著成效。首先，在资源整合方面，平台成功整合了全市范围内的文化资源，实现了资源共享和优势互补；其次，在服务覆盖方面，平台覆盖了全市各个角落，为市民提供了便捷的文化服务；再次，在技术创新方面，平台采用了先进的云计算技术，推动了文化服务的数字化、网络化进程；最后，在社会影响方面，平台提高了市民的文化素养和生活质量，丰富了城市的文化内涵和形象。

长沙市基于云计算的公共文化资源共享平台的建设与运营，是网络化时代群众文化工作创新的一个典型案例。通过云计算技术的应用，实现了文化资源的整合、共享和创新利用，为市民提供了丰富多样的文化服务。未来，随着技术的不断发展和市民需求的不断变化，该平台还需要不断进行优化和创新，以适应新时代的要求和挑战。我们相信，在长沙市政府和社会各界的共同努力下，这个平台将会越来越好地服务于广大市民，推动长沙市的文化事业不断繁荣发展。

案例三：网络化公共文化服务创新模式探索

近年来，东莞市积极探索网络化公共文化服务创新模式，充分利用云计算、大数据等现代技术手段，推动公共文化服务向数字化、智能化方向发展。东莞市文化部门通过构建"云端文化服务"平台，整合各类文化资源，打破地域限制，为全市市民提供便捷、高效的文化服务。

首先，东莞市文化部门建立了"云端文化服务"平台，整合了全市各类文化资源，包括图书馆、文化馆、博物馆等。通过这个平台，市民可以随时随地在线访问各类文化资源，享受便捷的公共文化服务。例如，市民可以在平台上进行图书借阅、在线阅读，参加各类文化活动、在线课程等。同时，这个平台还提供了数据分析和挖掘功能，可以根据市民的兴趣和需求，为他们推荐合适的文化资源和服务。其次，东莞市文化部门利用云计算、大数据等技术手段，实现了公共文化服务的智能化管理。通过建立数据分析和挖掘系统，可以实时收集和分析市民的文化需求，为公共文化服务提供决策支持。例如，可以根据市民的借阅记录、浏览记录等数据，分析他们的阅读习惯和兴趣偏好，从而为市民推荐更合适的文化资源。同时，通过智能化管理，可以提高公共文化服务的效率和质量，降低服务成本。

东莞市文化部门通过网络化手段，拓展了公共文化服务的范围和受众。传统的公共文化服务受地域限制，服务范围和受众相对有限。而通过网络化手段，可以将公共文化服务覆盖到更广泛的范围，为更多市民提供服务。例如，可以通过线上活动、网络课程等，吸引更多市民参与到公共文化服务中来。同时，还可以通过与各类社会组织、文化机构合作，共同开展网络化公共文化服务，进一步拓展服务范围和受众。东莞市文化部门利用云计算、大数据等技术手段，实现了公共文化服务的个性化定制。通过收集和分析市民的文化需求和兴趣偏好，可以为市民提供个性化的文化服务。例如，可以根据市民的阅读习惯和兴趣偏好，为他们推荐合适的文化资源。同时，还可以根据市民的需求，开展定制化文化活动、培训课程等，提高公共文化服务的针对性和有效性。东莞市文化部门通过网络化手段，加强了公共文化服务的宣传和推广。通过建立"云端文化服务"平台，可以方便市民了解和访问公共文化服务。同时，还可以通过社交媒体、微信公众号等渠道，宣传和推广公共文化服务，吸引更多市民参与到文化活动中来。东莞市文化部门通过网络化手段，加强了公共文化服务的评价和反馈。通过建立数据分析和挖掘系统，可以实时收集和分析市民对公共文化服务的评价和反馈，为公共文化服务提供改进方向。例如，可以根据市民的反馈，及时调整和优化公共文化服务的内容和方式，提高服务的质量和效果。

东莞市在网络化时代的群众文化工作中取得了显著的成效。通过构建"云端文化服务"平台，整合各类文化资源，打破地域限制，为全市市民提供便捷、高效的文化服务；利用云计算、大数据等技术手段，实现公共文化服务的智能化管理、拓展服务范围和受众、个性化定制、宣传和推广以及评价和反馈。这些创新举措为网络化时代的群众文化工作提供了有益的借鉴和启示。

四、创新网络化时代的群众文化工作应采取的策略

在网络化时代，提高网络化技术在群众文化工作中的应用水平具有重要意义。这不仅可以满足广大群众对文化生活的需求，还可以推动群众文化工作的创新发展。为了让群众文化工作者更好地适应网络化时代的要求，有必要对他们进行定期的网络技术培训。培训内容应包括互联网基础知识、新媒体运营、网络文化传播等方面，以提高他们的网络素养和业务能力。通过培训，使群众文化工作者能够熟练运用网络化技术开展各项工作，为广大群众提供更加丰富多彩的文化服务。利用网络技术，我们可以搭建起覆盖全国各地的群众文化平台，让更多的人参与到文化活动中来。这些平台可以分为不同类别，如文艺演出、在线展览、网络文学等，以满足不同群体的文化需求。同时，还可以通过网络平台开展线上线下相结合的文化活动，群众在互动中感受文化的魅力。在网络化时代，群众文化工作者应紧跟时代潮流，创作出更多具有时代特色和文化内涵的网络化文化产品。这些产品可以包括网络电影、网络音乐、网络漫画等，以多样化的形式满足群众的文化消费需求。同时，还要注重提升文化产品的品质，以优质的内容和良好的用户体验吸引更多观众。利用网络媒体的优势，我们可以将群众文化活动宣传得更加广泛、及时和生动。通过官方网站、社交媒体、网络视频等渠道，对

文化活动进行全方位的宣传推广，提高群众的知晓率和参与度。此外，还可以通过网络化技术开展文化交流，邀请国内外知名文化人士进行在线讲座、互动交流等，拓宽群众的视野，提升文化品位。在网络化时代，提高网络化技术在群众文化工作中的应用水平是推动群众文化创新发展的关键。通过加强技术培训、搭建文化平台、创新文化、加强文化宣传等措施，我们可以让群众文化工作更好地适应网络化时代的需求，为广大群众提供更加丰富、高效、便捷的文化服务。这不仅有助于满足人们日益增长的精神文化需求，还有利于弘扬中华民族优秀传统文化，促进社会主义文化繁荣兴盛。

随着网络技术的迅猛发展和普及，网络化时代的群众文化工作正面临着前所未有的机遇和挑战。为了确保文化工作的健康发展，必须采取一系列有效的策略来加强监管和评估。建立健全监管机制是至关重要的。政府部门应制定和完善相关法规和政策，明确网络文化工作的标准和要求，为文化市场的有序发展提供法律保障。同时，应建立专门的监管机构，负责对网络文化内容进行审核和管理，确保文化内容的健康、积极和向上。此外，还应加强与相关部门的协调配合，形成合力，共同维护网络文化市场的秩序。加强技术监管手段的运用是必不可少的。借助现代科技手段，如大数据、人工智能等，可以有效提高监管的效率和准确性。通过对网络文化数据的收集和分析，可以及时发现和识别不良信息，并采取相应措施予以处理。同时，利用技术手段还可以对用户行为进行监控和管理，防止恶意攻击和侵权行为的发生。建立科学的评估体系是提升文化工作质量的关键。评估是对文化工作成效的检验和反馈，也是推动文化工作持续改进的重要手段。应制定科学、合理的评估指标和方法，全面、客观地评介文化工作的效果和影响。评估结果应及时公开，接受社会监督，以推动文化工作的透明度和公信力。同时，还应建立奖惩机制，对表现优秀的文化单位和个人给予表彰和奖励，对存在问题的单位和个人进行整改和问责。加强公众参与和社会监督是提升监管和评估效果的重要途径。公众是网络文化的主要参与者和受益者，他们的意见和建议对于改进文化工作具有重要的参考价值。应积极拓宽公众参与渠道，如开展问卷调查、举办座谈会等，广泛收集公众对文化工作的意见和建议。同时，还应加强媒体和网络平台的舆论监督作用，及时曝光和批评不良文化现象，推动文化工作的持续改进。加强网络化时代群众文化工作的监管和评估是推动文化工作健康发展的重要保障。只有建立健全的监管机制、加强技术监管手段的运用、建立科学的评估体系以及加强公众参与和社会监督等多方面的努力，才能确保网络化时代的群众文化工作沿着正确的方向不断发展，为广大人民群众提供丰富多样、健康向上的文化产品和服务。

　　推动网络化公共文化服务的普及和均衡发展是创新网络化时代

群众文化工作的重要策略。网络化公共文化服务的普及和均衡发展意味着每个人都能够平等地享受到高质量的文化资源和服务。

第一，加强网络基础设施建设。网络基础设施是网络化公共文化服务的基础，也是实现普及和均衡发展的关键。政府应加大投入，加强网络基础设施的建设，特别是在偏远地区和农村地区要加强网络覆盖，确保每个人都能够接入高质量、稳定的网络服务。此外，要加强对降低网络服务价格的监管，降低群众接入网络的门槛，确保网络服务对所有人都具有可负担性。

第二，优化网络化公共文化服务内容。网络化时代，公共文化服务的内容应该与时俱进，不仅应包括传统的文艺演出、图书馆服务等形式，还应拓展到新媒体、数字化内容等领域。政府应加大对优质网络化文化内容的支持，鼓励艺术作品的创作和数字化内容的传播，提供更加多元化、丰富多样的文化产品和服务。此外，还要注重保护知识产权，鼓励原创作品的产生，确保网络化公共文化服务内容的质量和创新性。

第三，推动网络化公共文化服务的应用普及。政府应加强对网络化公共文化服务的推广，鼓励各类文化机构、社区组织等在网络化平台上开展文化活动。例如，可以开设远程教育课程、在线展览、网络演出等，为群众提供随时随地参与文化活动的机会。同时，还要加强对互联网技术的普及培训，提高广大群众的网络素养和应用能力，让他们能够更好地享受到网络化公共文化服务带来的便利和乐趣。

第四，构建网络化公共文化服务监管机制。为了确保网络化公共文化服务的质量和安全，政府应建立完善的监管机制。加强对网络文化平台的监管，严厉打击违法违规行为，保护群众的合法权益。同时，要加强对内容的审核和管理，防止低俗、虚假信息的传播，引导网络化公共文化服务朝着积极向上、健康向善的方向发展。此外，还要加强对网络平台的隐私保护和信息安全的监管，确保群众在使用网络化公共文化服务时的个人信息得到充分保护。

推动网络化公共文化服务的普及和均衡发展是创新网络化时代群众文化工作的重要策略。通过加强网络基础设施建设、优化文化服务内容、推广文化服务的应用普及和建立监管机制，可以实现网络化公共文化服务的普及和均衡发展，让每个人都能够平等地享受到高质量、多元化的文化资源和服务，推动社会主义文化的繁荣发展，促进社会全面进步和人的全面发展。

五、网络化时代群众文化工作的发展趋势与展望

随着科技的飞速发展，网络化时代群众文化工作正面临着前所未有的发展机遇。网络技术以其独特的优势，不断推动着群众文化工作的创新与变革。云计算技术的广泛应用将极大地促进文化资源的整合与共享。云计算作为一种新兴的信息技术，可以实现海量数

据的存储和高效处理。通过云计算平台，各类文化机构可以将自己的资源进行整合，形成统一的文化资源数据库，方便公众随时随地访问和使用。这不仅有助于打破信息壁垒，实现文化资源的共享，还能促进不同地区、不同文化之间的交流与融合。大数据技术的深入应用将进一步提升文化工作的精准度和个性化水平。大数据技术可以对海量数据进行挖掘和分析，揭示出隐藏在数据背后的规律和趋势。在文化工作中，可以利用大数据技术对用户的行为和喜好进行深入分析，从而为用户提供更加精准、个性化的文化产品和服务。这不仅可以提高文化工作的针对性和实效性，还能满足用户多样化的需求，提升用户的满意度和获得感。人工智能技术的快速发展将为文化工作带来全新的变革。人工智能技术可以模拟人类的思维和行为，实现自动化、智能化的处理。在文化工作中，可以利用人工智能技术创作和生成丰富多样的文化内容，如智能写作、智能绘画等。同时，人工智能技术还可以对文化内容进行智能推荐和分发，根据用户的兴趣和需求，推送合适的文化内容给用户。这将极大地提高文化工作的效率和质量，为公众提供更加便捷、高效的文化服务。物联网技术的普及将推动文化工作与日常生活的深度融合。物联网技术可以实现物品之间的互联互通，将物理世界与数字世界紧密连接起来。在文化工作中，可以利用物联网技术将文化产品与日常生活用品相结合，创造出更多具有文化内涵和实用价值的产品。例如，通过物联网技术将传统文化元素融入智能家居设备，可以让用户在日常生活中感受到传统文化的魅力。这将有助于提升公众对文化的认知和认同，推动文化工作与日常生活的深度融合。网络化技术的发展趋势将为群众文化工作带来更加广阔的发展空间和无限的可能性。随着云计算、大数据、人工智能和物联网等技术的不断进步和应用，我们相信未来的文化工作将更加精准、个性化、智能化和融合化，为广大人民群众提供更加丰富多样、便捷高效的文化产品和服务。

随着网络化时代的到来，群众文化工作也面临着新的发展趋势和展望。群众文化工作网络化的发展方向主要有以下方面。

第一，群众文化工作的数字化将成为主流。随着数字化技术的发展，越来越多的文化活动和资源将实现数字化，通过网络平台进行传播和共享。这将使得文化资源的获取更加便捷，文化服务的提供更加高效。同时，数字化技术也将为群众文化工作提供更多的创新和可能性，如虚拟现实、增强现实等新兴技术的应用，将为群众带来更加沉浸式的文化体验。

第二，群众文化工作的智能化将成为新的趋势。随着人工智能、大数据等技术的发展，群众文化工作将更加注重智能化技术的应用。通过智能化技术，可以实现对文化资源的智能分类、智能推荐、智能管理，提高文化服务的效率和质量。同时，智能化技术也将为群众文化工作提供更加个性化和精准的服务，满足不同群体的个性化需求。

第三，群众文化工作的社交化将成为新的特点。随着社交媒体和社交网络的发展，群众文化工作将更加注重社交化的特点。通过社交化的方式，可以更好地与用户互动、分享文化体验、交流文化观点，增强用户对文化工作的参与度和黏性。同时，社交化也将为群众文化工作提供更多的创新和可能性，如开展线上活动、打造文化社区等。

第四，群众文化工作的多元化将成为新的趋势。随着文化多样性的发展，群众文化工作将更加注重多元化的发展。通过多元化的方式，可以提供更加丰富多样的文化资源和服务，满足不同群体的多元化需求。同时，多元化也将为群众文化工作提供更多的创新和可能性，如跨地域、跨文化的合作与交流，推动文化多样性发展。

网络化时代群众文化工作的发展趋势和展望包括数字化、智能化、社交化和多元化等方面。这些发展趋势将推动群众文化事业的繁荣发展。同时，也需要我们不断探索和创新，适应网络化时代的发展变化，为群众提供更加优质、高效、个性化的文化服务。

在网络化时代，群众文化工作面临着前所未有的挑战与机遇，这不仅是因为技术的发展和群众需求的变化，还因为文化融合、市场竞争、政策法规以及社会责任等方面的问题。网络化群众文化工作将面临更高的技术要求。随着互联网、大数据和人工智能的兴起，虚拟现实、直播和短视频等新兴形式成为群众文化工作的热点。这些新技术不仅为群众文化工作提供了更广阔的平台和更丰富的手段，使得文化工作更加生动有趣，更能吸引大众的参与，而且也为文化工作者带来了更多的创新空间。

然而，这种技术的发展也带来了更高的安全防护要求。随着网络攻击和侵权行为的增加，如何保障网络文化活动的信息安全成为一个亟待解决的挑战。在网络化时代，每个人都可以自由地获取和传播文化信息，这使得群众对文化工作提出了更高的要求。一方面，网络化群众文化工作要紧跟时代潮流，满足大众的文化需求，提供丰富多样、具有吸引力的文化产品。另一方面，要充分考虑不同群体的特点和需求，提供个性化的文化服务，例如根据不同用户的兴趣推荐适合他们的文化内容，以提升群众的满意度和参与度。在网络化时代，不同文化之间的交流和融合日益频繁。这为网络化群众文化工作带来了新的机遇，也带来了新的挑战。面对不同文化之间的融合，文化工作者需要思考如何处理好本土文化与国际文化的关系。一方面，要在保持本土文化特色的同时，吸收和借鉴国际文化的优秀成果，以推动本土文化的发展。另一方面，在多元文化的交融中，如何保持文化的多样性和活力也是一个需要解决的问题。市场竞争对网络化群众文化工作既是挑战，也是机遇。随着网络化的发展，文化市场日益活跃，各类文化产品和服务竞争激烈。网络化群众文化工作需要提升自身的竞争力，创新产品和服务，提高质量和效益。同时，利用市场竞争的机遇，可以推动文化工作的发展，提升文化工作的影响力和知名度。政策法规对网络化群众文化工作具有重要的指导和支持作用。

在网络化时代，政策法规对文化工作的开展具有直接影响。一方面，网络化群众文化工作要紧跟政策法规的要求，合法合规开展文化工作，遵循相关的法律法规，确保文化活动的健康有序进行。另一方面，文化工作者也需要积极争取政策法规的支持，如资金、技术和人才等方面的支持，为网络化群众文化工作创造良好的环境。网络化群众文化工作需要承担社会责任，传播正能量，促进社会和谐稳定。在网络化时代，文化工作不仅追求经济效益，更要关注社会责任。如何处理好经济效益和社会责任的关系，如何在网络化群众文化工作中弘扬社会主义核心价值观，如何通过文化工作促进社会进步，将是一个需要思考的问题。网络化时代群众文化工作的发展既面临挑战也蕴藏机遇。面对技术发展、受众需求、文化融合、市场竞争、政策法规以及社会责任等方面的问题，文化工作者需要不断创新，提升自身的素质和能力，以适应时代的发展和社会的需求。只有在不断创新和改进中，网络化群众文化工作才能取得更大的发展。

第八章

群众文化工作创新的组织与管理

一、组织创新

在现代企业中，部门之间的协作往往存在一定的壁垒，导致工作效率低下、资源浪费。因此，通过组织结构创新，打破部门之间的界限，实现跨部门合作，对于提高群众文化工作的质量和效率具有重要意义。

跨部门合作的工作机制是组织结构创新的关键。企业可以设立专门的项目组，由不同部门的员工组成，共同负责项目的策划、组织和实施。这样可以充分利用各职能部门的专业优势，提高工作效率。同时，项目组成员在合作过程中可以相互学习、交流，提升个人综合素质。跨部门合作需要明确各部门的职责和权益。在合作项目中，各部门应明确自己的工作职责和任务，确保项目顺利进行。同时，企业应制定相应的政策，保障各部门在合作中的权益，激发各部门的积极性和主动性。

搭建跨部门沟通与协作的平台是组织结构创新的重要举措。企业可以设立固定的沟通机制，如定期的跨部门联席会议，让各部门负责人汇报工作进展、讨论合作事项。此外，企业还可以利用信息技术手段，建立线上沟通平台，方便各部门实时交流、共享信息。

培养跨部门协作的团队精神是组织结构创新的核心。企业应通过举办各类团队建设，如拓展训练、团队研讨会等，增进各部门员工之间的了解和信任。同时，企业还应鼓励员工跨部门交流，培养员工的合作意识和团队精神。

建立激励机制是推动跨部门合作的重要手段。企业可以根据合作项目的成果，对参与部门和员工给予相应的奖励。此外，企业还应关注员工个人的成长和发展，为跨部门合作的员工提供更多的晋升机会和发展空间。

持续改进和优化组织结构是组织结构创新的长远之计。企业应定期对跨部门合作的效果进行评估，发现问题及时调整。同时，企业还应关注行业动态和发展趋势，不断学习和借鉴先进的组织管理经验，为跨部门合作提供持续的支持和保障。

跨部门合作的组织结构创新是群众文化工作创新的关键环节。

通过建立跨部门合作的工作机制、明确职责权益、搭建沟通平台、培养团队精神、建立激励机制以及持续改进和优化组织结构，企业可以有效提高群众文化工作的质量和效率，为实现企业战略目标提供有力支持。

在群众文化工作创新口，公共文化服务团队的建设与激励机制是至关重要的。一个优秀的团队能够推动文化活动的蓬勃开展，而合理的激励机制则能够激发团队成员的积极性和创造力。

第一，要构建一支专业化的公共文化服务团队。这意味着我们需要从各个文化领域选拔具有专业知识和实践经验的人才，他们不仅具备丰富的文化艺术素养，还要有良好的组织能力和沟通能力。通过专业化的培训和实践锻炼，提升团队成员的业务水平和综合素质，使他们能够更好地服务于广大群众。

第二，建立明确的职责分工和协作机制。在团队内部，要明确每个成员的职责和工作任务，确保各项工作有序进行。同时，加强团队成员之间的沟通与协作，形成默契配合的工作氛围。通过定期的团队建设活动和交流会议，增强团队凝聚力和向心力，打造高效协作的团队文化。实施科学的绩效评估体系。为了激发团队成员的积极性和创造力，我们需要建立科学、公正的绩效评估体系。通过制定明确的评估标准和方法，定期对团队成员的工作绩效进行评估和反馈。同时，将绩效评估结果与薪酬、晋升等激励机制相结合，让团队成员的付出得到应有的回报。

第三，注重团队成员的个人成长与发展。每个团队成员都有自己的职业规划和发展目标。作为管理者，我们应该关注团队成员的个人成长与发展，为他们提供广阔的发展空间和机会。通过制定个性化的培训计划和发展路径，帮助团队成员实现自我价值的同时，也为团队的整体发展贡献力量。

第四，营造积极向上的团队氛围。一个积极向上的团队氛围能够激发团队成员的创造力和工作热情。作为管理者，我们要注重营造轻松、和谐的工作氛围，鼓励团队成员敢于尝试、勇于创新。通过举办各类文化活动、表彰先进典型等方式，增强团队成员的归属感和荣誉感。

第五，建立持续学习的机制。在快速变化的社会环境中，持续学习是保持团队竞争力的关键。我们要鼓励团队成员不断学习新知识、新技能，提高自身素质和能力。通过定期举办培训、分享会等活动，为团队成员提供学习的机会和平台。同时，鼓励团队成员自主学习、自我提升，实现个人和团队的共同成长。

公共文化服务团队的建设与激励机制是推动群众文化工作创新的重要保障。通过构建专业化的团队、建立明确的职责分工和协作机制、实施科学的绩效评估体系、注重个人成长与发展、营造积极向上的团队氛围以及建立持续学习的机制等多方面的努力，我们可以打造一支高效、富有创造力的公共文化服务团队，为群众文化事业的繁荣发展贡献力量。

二、管理创新

在新的历史时期，群众文化工作面临着新的挑战和机遇。为了更好地满足人民群众日益增长的文化需求，提升公共文化服务水平，我们需要积极探索和实施公共文化服务项目管理创新。第一，我们需要加强项目管理的科学性和系统性。项目管理是公共文化服务的重要手段，只有通过科学、系统的管理，才能确保项目的高效实施和有效运行。为此，我们需要建立健全的项目管理制度和流程，明确各部门的职责和任务，加强部门之间的协调和沟通，确保项目管理的科学性和系统性。第二，我们需要注重项目管理的创新性。在项目管理中，我们需要不断探索新的管理方法和手段，如数字化、智能化等新技术，以提高项目管理的效率和效果。同时，我们还需要注重项目管理的创新性，鼓励员工提出新的管理思路和方法，不断推动项目管理水平的提升。第三，我们需要加强项目管理的规范性和透明度。在项目管理中，规范性和透明度是至关重要的。我们需要建立健全的项目管理规范和标准，确保项目管理的各个环节都符合规范和标准。我们还需要加强项目管理的信息公开和透明度，及时公开项目进展情况和成果，增强公众对公共文化服务的信任度和满意度。第四，我们需要注重项目管理的质量和效益。在项目管理中，质量和效益是衡量项目管理成功与否的关键指标。我们需要建立健全的质量和效益评估体系，加强对项目实施过程的监督和管理，确保项目实施的质量和效益。同时，我们还需要注重项目管理的成本效益，合理控制项目成本，提高公共文化服务的投入产出比。第五，我们需要加强项目管理的可持续性和长期性。公共文化服务是一项长期的事业，需要我们不断探索和创新项目管理方式和方法，以确保公共文化服务的可持续性和长期性。为此，我们需要建立健全的项目管理制度和机制，加强对项目实施过程的评估和调整，确保项目管理的可持续性和长期性。公共文化服务项目管理创新是群众文化工作创新的重要组成部分。通过加强项目管理的科学性和系统性，注重项目管理的创新性、规范性和透明度，注重项目质量和效益，加强项目管理的可持续性和长期性等措施，我们可以更好地满足人民群众日益增长的文化需求，提升公共文化服务水平，推动群众文化工作的创新发展。

公共文化服务评估与反馈机制是群众文化工作创新中不可或缺的一环，它不仅能提升服务质量和效率，还能确保文化活动的可持续发展。公共文化服务评估与反馈机制的构建需遵循科学性、公正性、透明性和参与性的原则。科学性原则要求评估体系应基于客观数据和实证研究，以量化指标为主，确保评估结果的准确性和可信度。这包括但不限于服务覆盖面、使用率、满意度等指标。公正性原则要求评估过程应保持中立，避免利益，确保各相关方的合法权益得到尊重。透明性原则要求评估标准和结果应向公众公开，使评估过程接受社会监督，提高公共服务的公信力。参与性原则强调公众在评估过程中的参与，通过问卷调查、座谈会等形式收集公众意见，使评估结果更加贴近实际需求。

在评估机制的具体实施中，可以采取定期与不定期相结合的方式进行。定期评估一般按年度进行，旨在对公共文化服务的长期成效进行监控；不定期评估则针对特定活动或项目进行，以快速响应社会需求变化。评估过程中应充分利用现代信息技术手段，如网络调查、移动应用等，以提高评估效率。反馈机制是公共文化服务评估体系的延伸，它将评估结果转化为改进行动。有效的反馈机制应确保评估中发现的问题能够得到及时解决，同时将优秀经验推广开来。为了实现这一目标，可以建立由政府、公共文化机构、专业评估机构及公众共同参与的多元化反馈网络。其中，政府负责制定评估标准和支持政策，公共文化机构负责执行评估和改进措施，专业评估机构提供技术支持，公众则通过各种渠道提供反馈。此外，为了加强公共文化服务评估与反馈机制的实施力度，还需建立相应的激励和问责机制。对于在评估中表现优异的公共文化机构，可以通过奖励、资金支持等方式予以激励；而对于未能达到标准的机构，则应根据情况采取警告、处罚乃至调整负责人等措施，确保公共文化服务质量得到持续提升。总之，公共文化服务评估与反馈机制是群众文化工作创新中不可或缺的一环。通过建立健全的科学、公正、透明和参与的评估以及与之相配套的反馈机制，可以有效提升公共文化服务的质量和效率，满足人民群众日益增长的精神文化需求，推动社会主义文化大发展、大繁荣。

三、创新实践案例

案例一：跨界合作的公共文化服务项目

在徐州市，近年来群众文化工作的创新实践如火如荼，尤其是在跨界合作的公共文化服务项目中，更是取得了显著成效。这些项目不仅丰富了群众的文化生活，也提升了城市的文化品质。徐州市地处江苏北部，历史悠久，文化底蕴深厚。为了更好地传承和弘扬地方文化，徐州市文化部门积极探索创新，提出了"文化＋"的发展理念，通过跨界合作的方式，将传统文化与现代科技、旅游等元素相结合，打造了一系列独具特色的公共文化服务项目。徐州市图书馆与市旅游局合作开展的"阅读之旅"项目，就是一个典型的跨界合作案例。该项目将图书馆的丰富藏书与旅游景点的自然景观和人文历史相结合，为游客提供了一种全新的文化体验方式。游客在参观景点的同时，可以借阅与景点相关的书籍，深入了解景点的历史背景和文化内涵。这不仅增加了游客的文化知识，也提升了景点的吸引力。在具体实施中，徐州市图书馆与旅游局共同制定了详细的合作方案，明确了各自的职责和任务。图书馆提供了专业的图书推荐和借阅服务，而旅游局则负责将图书馆的资源与旅游景点进行有机结合，为游客提供便利的借阅条件。同时，双方还共同开展了宣传推广活动，提高了项目的知名度和影响力。"阅读之旅"项目自推出以来，受到了广大游客的热烈欢迎。游客在游览美景的同时，能够借阅到与景点相关的书籍，深入了解景点的历史和文化背景，这种独特的文化体验方式让游客们印象深刻。同时，该项目也有效提升了图书馆和旅游局的公共服务水平，增强了群众对文化工作的认同感和满意度。徐州市图书馆与市旅游局的成功合作，为其他地区的文化工作创新提供了有益的借鉴。首先，跨界合作需要双方充分沟通、明确目标，共同制定切实可行的合作方案。其次，要充分利用各自的资源优势，实现资源共享和优势互补。最后，要注重宣传推广，提高项目的知名度和影响力，吸引更多的群众参与。展望未来，徐州市将继续深化"文化+"的发展理念，推动更多领域的跨界合作，打造更多具有地方特色的公共文化服务项目。同时，也将不断总结经验教训，完善工作机制，推动群众文化工作不断创新发展。相信在不久的将来，徐州市的群众文化工作将迎来更加美好的明天。

案例二：公共文化服务评估体系的构建与实施

绵阳市，作为四川省的一个重要城市，近年来在公共文化服务评估体系的构建与实施方面取得了显著的成果。以下是绵阳市公共文化服务评估体系构建与实施的六个方面内容。第一，明确评估目标。绵阳市公共文化服务评估体系的构建以满足人民群众日益增长的精神文化需求为出发点，以提高公共文化服务质量为核心，以促进公共文化服务均衡发展为目标。通过评估体系的构建与实施，进一步提升公共文化服务的覆盖面、便捷性、丰富性和满意度。第二，建立评估指标体系。绵阳市公共文化服务评估指标体系包括服务设施、服务内容、服务效益、服务管理和公众满意度五个方面。每个方面又细分为多个具体指标，如服务设施指标包括设施建设、设施利用率、设施维护等；服务内容指标包括服务项目、服务品质、服务创新等。通过这些指标的评估，能够全面了解公共文化服务的发展状况。第三，制定评估方法。绵阳市公共文化服务评估体系采取定性与定量相结合的方法，通过数据收集、现场查看、问卷调查、公众满意度调查等多种方式进行评估。评估过程中，注重数据的真实性、客观性和准确性，评估结果的科学性和可信度。第四，开展评估工作。绵阳市公共文化服务评估工作按照评估指标体系，对全市公共文化服务机构进行逐一评估。评估过程中，相关机构需要提供相关数据和材料，同时，评估小组将进行现场查看和访谈，以确保评估工作的全面性和深入性。第五，应用评估结果。绵阳市公共文化服务评估结果将作为政府公共文化服务决策的重要依据。根据评估结果，政府可以了解公共文化服务的优势和不足，进一步调整和优化服务策略。同时，评估结果也将作为公共文化服务机构绩效考核的重要内容，推动服务机构不断提升服务质量。第六，持续优化评估体系。绵阳市公共文化服务评估体系并非一成不变，而是根据实际情况和发展需求进行不断优化和完善。评估体系将随着公共文化服务的发展趋势和人民群众的需求变化进行调整，以确保评估体系的时效性和适应性。绵阳市公共文化服务评估体系的构建与实施，旨在提升公共文化服务质量，满足人民群众的精神文化需求。通过明确评估目标、建立评估指标体系、制定评估方法、开展评估工作、应用评估结果和持续优化评估体系等环节，绵阳市成功实现公共文化服务的全面评估与持续改进。这为其他城市提供了宝贵的经验，也为我国公共文化服务评估体系的构建与实施提供了有益借鉴。

四、群众文化工作创新组织与管理的挑战与应对策略

在现代社会快速发展的背景下，群众文化工作面临着一系列的

挑战，包括技术变革、文化多元化、人才培养等方面。

技术变革是群众文化工作创新面临的重要挑战。随着信息技术的快速发展，互联网、移动设备等新兴技术形态迅速渗透到社会各个领域，文化传播方式发生了巨大变革。传统的群众文化工作模式往往面临与新技术的融合和应用不足的问题，需要适应新技术发展趋势，探索新的文化传播方式，加强数字化、网络化和智能化的创新。

文化多元化也是群众文化工作创新面临的挑战之一。随着经济全球化和文化交流的加深，文化多样性得到了更多的关注和发展。然而，群众文化工作在面对不同地区、不同民族的文化需求时，可能遇到难以满足多元需求的困境，需要创新组织和管理模式，促进文化的交流和融合，提升群众文化服务的多样性。

人才培养是群众文化工作创新面临的重要挑战之一。随着群众文化工作的不断发展，对高素质专业人才的需求日益增长。然而，目前在群众文化工作领域，高层次、专业化的人才供给相对不足。为了解决这一问题，需要在培养专业人才的同时，加强跨学科人才培养和团队合作，提高群众文化工作的组织效能和管理能力。

针对上述挑战，应对策略包括但不限于以下几个方面。首先，加强技术创新与应用，积极引进和采用新技术、新媒体、新平台，探索数字化、智能化的群众文化工作模式，提升文化服务的质量和效益。其次，加强文化多样性的研究与交流，促进不同文化之间的对话和理解，推动群众文化工作的融合发展。同时，鼓励地方特色文化的保护与传承，提高群众文化服务的地域性和个性化。最后，加强人才培养和队伍建设，加大对高层次人才的培养力度，注重跨学科人才的培养，提高群众文化工作组织与管理水平。群众文化工作创新组织与管理面临着一系列的挑战，包括技术变革、文化多元化和人才培养等方面。针对这些挑战，需要采取相应的应对策略，加强技术创新与应用，促进文化多样性发展，加强人才培养和队伍建设。只有在不断创新和提升的基础上，群众文化工作才能更好地满足人民群众的精神文化需求，推动社会主义文化的繁荣与发展。

五、群众文化工作创新组织与管理的未来发展趋势

随着科技的进步和社会的发展，数字化、智能化技术的应用将在群众文化工作创新组织与管理中发挥越来越重要的作用。未来，数字化、智能化技术将为群众文化工作带来以下几方面的发展趋势：首先，数字化技术将使群众文化工作更加便捷高效。通过数字化技术，群众文化工作可以实现资源共享、信息交流和远程协作，提高工作效率和质量。同时，数字化技术还可以为群众文化工作提供更加精准的数据分析和决策支持，为组织和管理提供更加科学的依据。其次，智能化技术将为群众文化工作带来更加智能化的服务和管理。智能化技术可以通过大数据、人工智能等技术，实现群众

文化工作的智能预测、智能决策和智能执行，提高群众文化工作的智能化水平。同时，智能化技术还可以为群众提供更加个性化和智能化的服务，满足人民群众日益增长的精神文化需求。未来群众文化工作创新组织与管理还将更加注重跨界合作和融合发展。随着社会的发展和文化的多元化，群众文化工作将更加注重与其他领域的跨界合作和融合发展，如科技、教育、旅游、艺术等。通过跨界合作和融合发展，可以更好地整合资源、拓展领域、创新形式，为群众提供更加丰富多样的文化产品和服务。未来群众文化工作创新组织与管理还将更加注重人才的培养和引进。数字化、智能化技术的发展对群众文化工作人才提出了更高的要求，不仅需要具备专业知识，还需要具备数字化、智能化技术的应用能力和创新思维。因此，未来群众文化工作组织和管理将更加注重人才培养和引进，加强人才队伍建设，为数字化、智能化技术的应用和发展提供坚实的人才基础。数字化、智能化技术的应用将在未来群众文化工作创新组织与管理中发挥越来越重要的作用，将为群众文化工作带来更加便捷高效、智能化、跨界合作和融合发展的人才培养和引进等方面的发展趋势。这将为群众文化工作注入新的活力和动力，满足人民群众日益增长的精神文化需求，推动群众文化事业的繁荣发展。

随着人们需求的多样化，公共文化服务需更加贴近群众的个性化需求，深入挖掘不同群体的兴趣和爱好，提供更加丰富多样的文化产品和服务。例如，针对不同年龄层次、职业特点、兴趣爱好的群体，提供不同类型的文化活动和展览，满足他们各自的需求。互联网、大数据、人工智能等先进技术的快速发展将为公共文化服务提供更多创新的机会。通过数字化技术，可以实现文化资源的数字化、数字资源的智能化利用，进一步提升公共文化服务的覆盖面和质量。例如，建设数字文化馆，利用虚拟现实技术展示文化遗产，让群众在家中也能享受高质量的文化服务。社区是人们生活的基本单位，也是人们获取文化服务的重要场所。未来，公共文化服务将更加注重在社区中开展文化活动，丰富社区居民的精神文化生活。通过建设社区文化中心、开展社区文艺演出等方式，提供方便快捷的公共文化服务，促进居民的文化参与和社区的文化融合。公共文化服务的创新不能单靠政府或文化机构的力量，需要发挥公私合作的优势。未来，政府、企业、社会组织等各方将共同参与公共文化服务的组织和管理，共同投入资源和力量，形成合力。例如，政府可以提供场地和基础设施，企业可以提供经济支持和技术支持，社会组织可以发挥自身优势组织和策划文化活动，共同推动公共文化服务的发展。公共文化服务模式的创新是群众文化工作发展的必然趋势。未来，公共文化服务将更加注重个性化和差异化，借助数字化技术提升服务质量，以社区文化建设为重点，通过公私合作推动服务的创新和发展。这些创新将进一步丰富群众的精神文化生活，提升人民群众的幸福感和获得感。

在未来的发展趋势中，群众文化工作与社会治理的融合将成为一个显著的特点。这种融合不仅是对传统文化工作模式的创新，更是对现代社会治理理念的深刻体现。随着社会的快速发展和变革，群众文化工作已经不再是单纯的文化活动组织，而是逐渐渗透到社会治理的各个领域，成为推动社会和谐稳定、促进文化繁荣发展的重要力量。在融合过程中，群众文化工作将更加注重社会参与和共建共享。传统的文化工作模式往往由政府或文化机构主导，而未来的发展趋势则更加注重群众的主体性和参与性。通过广泛的社会参与，不仅能够丰富文化活动的形式和内容，还能够增强群众的归属感和凝聚力。同时，共建共享的理念也将贯穿始终，确保文化成果惠及广大人民群众。此外，群众文化工作与社会治理的融合还将体现在对传统文化的传承和创新上。传统文化是群众文化的根基和灵魂，但在现代社会中，传统文化的传承面临着诸多挑战。通过与社会治理的融合，可以更加有效地保护和传承传统文化，同时注重创新和发展。例如，在城乡建设中融入传统文化元素，打造具有地方特色的文化景观；在文化遗产保护中引入现代科技手段，实现传统文化的数字化保存和传播等。在融合过程中，还需要注重文化资源的均衡配置和共享。不同地区、不同群体之间的文化资源差异较大，如何实现文化资源的均衡配置和共享是一个重要的课题。通过与社会治理的融合，可以更加精准地了解不同群体的文化需求，制定更加科学合理的文化政策和服务措施。同时，通过构建覆盖城乡的文化服务体系，实现文化资源的共享和互通有无，让更多人享受到优质的文化服务。同时，这种融合也将促进文化工作者角色的转变。他们不再仅仅是文化活动的组织者和执行者，而是成为社会治理的重要参与者和推动者。他们需要具备更强的社会责任感和使命感，能够深入社区、了解群众需求，为群众提供更加精准、有效的文化服务。同时，他们还需要具备跨界合作的能力，能够与其他领域的社会治理主体进行有效的沟通和协作，共同推动社会治理的创新和发展。群众文化工作与社会治理的融合是未来发展的重要趋势。这种融合将促进文化工作的创新和发展，提升社会治理的效能和水平，为构建和谐社会、促进文化繁荣做出重要贡献。同时，我们也需要认识到这种融合带来的挑战和机遇，积极应对和把握，推动群众文化工作与社会治理的深度融合和共同发展。

第九章

群众文化工作创新的评价与反思

一、评价指标体系构建

在构建群众文化工作创新的评价指标体系时，创新效果评价指标是核心组成部分。这一指标体系不仅需要反映创新的成果，还要能够体现出创新过程的质量和影响。创新效果评价指标包括以下几个方面：首先，应关注创新活动的参与度。这包括参与创新活动的群众数量、覆盖的群体类型以及参与程度。群众基础的广泛性是衡量创新成功的重要标志，说明创新活动能够吸引和带动更多的群众参与，从而增强文化活动的亲和力和影响力。其次，创新活动的形式与内容也需要被评价。内容创新指的是活动组织者在活动内容上所做的创造性改动，如推出新颖的文化产品、服务或活动方式。形式创新则涉及活动的方式、方法，运用现代科技手段，如互联网、移动应用等新媒体平台来扩大群众文化的辐射范围和影响力。再次，创新活动的社会效益也是评价的重要方面。这包括文化传承和弘扬的效果、社会凝聚力的提升以及社会主义核心价值观的传播和践行情况。创新活动是否能够在社会层面产生积极影响，提升群众的文化素养和道德观念，是衡量其成功与否的关键。另外，还要考虑创新活动的可持续性。这指的是创新活动能否形成长效机制，是否能够在未来持续地提供优质的文化产品和服务。可持续性强的创新活动能够在长时间内对群众文化产生积极影响，反之则可能只是一时的热闹。最后，创新活动的反馈与影响也是评价的重要内容。通过收集群众的反馈意见和社会各界的评价，可以了解创新活动的实际效果以及它对社会文化生态的长期影响。创新效果评价指标应当全面反映群众文化创新的各个方面，从参与度、内容与形式、社会效益、可持续性到反馈与影响，每个层面都不可或缺。通过这样一套综合评价体系，可以全面客观地评价群众文化工作的创新成效，为进一步的工作提供参考和指导。

在构建群众文化工作创新的评价指标体系时，创新能力评价指标占据着举足轻重的地位。创新能力不仅是推动群众文化工作持续发展的核心动力，也是衡量其发展水平与潜力的重要标志。因此，我们需要构建一套科学、全面、可操作的创新能力评价指标，以便对群众文化工作的创新绩效进行客观、准确的评估。首先，创新能力评价指标应当突出创新成果的产出。这包括新创文化活动的数量、质量及其社会影响力。新创文化活动的数量反映了创新活动的频繁程度，而质量则体现了创新活动的水平和价值。同时，社会影响力是衡量创新成果价值的重要标准，它反映了创新活动对社会文化生活的贡献程度。其次，创新能力评价指标应当关注创新过程的效率。这包括创新活动的组织管理水平、资源利用效率以及创新周期的长短。组织管理水平的高低直接影响到创新活动的质量和效率，资源利用效率则反映了创新活动的成本效益。而创新周期的长短则体现了创新活动的敏捷性和响应速度。再次，创新能力评价指标应当强调创新能力的可持续性。这包括创新团队的建设、创新氛围的营造以及创新机制的完善等方面。创新团队是创新活动的核心力量，其建设水平直接影响创新能力的强弱。创新氛围则关系到创新团队的积极性和创造性，是创新能力持续发展的重要保障。创新机制的完善则有助于激发创新团队的潜能，推动创新活动的持续开展。此外，创新能力评价指标还应当考虑创新活动的风险与回报。创新活动往往伴随着一定的风险，因此我们需要对创新活动的风险进行评估和管理。同时，创新活动的回报也是衡量创新能力的重要指标之一，它反映了创新活动的经济效益和社会效益。在构建创新能力评价指标时，我们还需要注意以下几点：一是要确保评价指标的科学性和客观性，避免主观臆断和偏见；二是要确保评价指标的全面性和可操作性，既要涵盖创新活动的各个方面，又要便于数据的收集和处理；三是要确保评价指标的动态性和适应性，能够随着群众文化工作创新发展的不同阶段进行调整和优化。

创新能力评价指标体系的构建是一个复杂而系统的工程，它需要我们从多个维度和层面进行综合考虑和分析。只有这样，我们才能构建出一套科学、全面、可操作的创新能力评价指标，为群众文化工作创新的评价和反思提供有力的支撑和保障。

二、评价方法与过程

（一）定性与定量结合的评价方法

在构建群众文化工作创新的评价体系时，我们可以借鉴其他领域的定性评价方法，如教育、环保和公共卫生等领域。这些领域中的评价方法可以为我们的群众文化工作创新提供有益的启示。在教育领域，我们可以采用教学成果评价、学生满意度调查和教师教学水平评估等方法。这些方法可以帮助我们了解群众文化工作创新在提高群众文化素质、丰富群众精神生活方面的实际效果。在环保领域，我们可以借鉴环境治理成效评价、公众环保意识调查和绿色生活方式推广等方法。这些方法可以帮助我们评估群众文化工作创新在倡导文明、健康、环保的生活方式，提高群众环保意识方面的实际成效。在公共卫生领域，我们可以采用公共卫生事件应急响应评价、群众健康状况调查和疾病预防控制效果评估等方法。这些方法可以帮助我们了解群众文化工作创新在提高群众健康水平、预防疾病传播方面的实际贡献。借鉴这些定性评价方法，我们可以从多个角度全面评估群众文化工作创新的效果，为今后的改进提供有力依据。

在设计定量评价体系时，需要确保评价标准的客观性和可量化性。首先，要明确评价的目标和核心要素，如创新活动的数量、质量、影响力等。然后，针对这些要素，制定具体的量化指标和评分标准。这些指标应该是具体、可衡量的，并且能够真实反映群众文化工作创新的实际情况。同时，要合理确定各项指标的权重，以体现不同要素在评价中的重要程度。此外，定量评价体系的设计还需要考虑数据的来源和采集方法，确保数据的准确性和可靠性。在数据采集过程中，要遵循科学的方法和程序，避免主观臆断和误差。通过合理设计定量评价体系，可以更加客观、准确地评估群众文化工作创新的成果和效果，为后续的反思和改进提供有力支持。

结合定性与定量评价方法，我们可以更准确地了解群众文化工作创新的成效，为优化工作策略提供有力支持。在群众文化工作创新的评价与反思过程中，定性与定量结合的评价方法是一种全面而深入的分析手段。定性评价提供了对群众文化工作创新过程的质的把握，它关注的是创新活动的方向、目标、价值观及其在提升群众文化素养、丰富群众精神生活方面的意义。通过定性分析，可以判断群众文化工作是否坚持了社会主义文化发展的正确导向，是否贯彻了以人民为中心的工作导向以及是否推动了社会主义核心价值观的传播和实践。定量评价则侧重于数量化分析，通过具体的数据来衡量创新活动的效果和影响，比如通过统计参与群众文化活动的次数、人数，评估文化设施的利用率，或者通过问卷调查、满意度测评等方式来收集群众对文化工作的反馈。定量分析有助于量化创新活动的成效，提供操作和可比较的评估结果。将定性与定量评价结果进行综合分析，可以形成一个全面评价群众文化工作创新效果的视角。例如，定性评价可能发现某项文化活动深受群众喜爱，而定量评价则可能显示该活动的参与度在一定时期内有所下降。综合这两种评价结果，可以更全面地理解文化工作的创新实践，既看到文化工作在传播正能量、促进社会和谐方面取得的积极进展，又注意到存在的不足和需要改进的地方。

（二）评价过程的设计与实施

在群众文化工作创新的评价与反思过程中，制定评价计划和时间表是关键的第一步。评价计划应明确评价的目标、内容、方法、标准和期限，以确保评价工作能够有序、有效进行。评价目标可以包括群众文化活动的影响力、参与度、满意度等方面，内容可以涵盖群众文化活动的各个方面，方法可以选择问卷调查、访谈、现场观察、作品分析等多种方式进行评估。评价标准可以根据具体情况确定，期限则应合理规划评价活动的各个阶段，以确保评价工作与群众文化工作的实际进展相匹配，避免评价过程与工作实际脱节。接下来，评价过程的实施需要收集评价所需的数据和信息。这些数据和信息是评价群众文化工作创新成效的依据。数据收集可以通过问卷调查、访谈、现场观察、作品分析等多种方式进行。在数据收集过程中，需要确保数据的全面性、客观性和准确性，这是评价工作能够得出正确结论的前提。数据的全面性要求覆盖各个方面，客观性要求数据收集过程中没有主观倾向，准确性要求数据采集和记录过程中没有误差。在收集到评价数据后，需要对数据进行整理和分析。这一步骤旨在通过量化和质化分析，揭示群众文化工作创新的效果和不足。数据整理包括归纳、分类和统计，将原始数据按照一定的规则和分类方式进行整理和归纳。数据分析则需要运用专业知识和方法，比如比较分析、因果分析等，以期发现工作中的亮点和问题所在。通过这一过程，可以为后续的改进工作提供科学依据。评价报告应详细记录评价过程和分析结果。评价报告需要包括评价的目标、内容、方法和标准，数据的整理和分析结果以及对群众文化工作创新的经验教训进行提炼等内容。总结部分应对群众文化工作创新的经验教训进行提炼，提出未来工作的建议。评价报告的编写需要科学、客观，以确保结果的准确和可信度。通过这样的评价与反思过程，群众文化工作可以不断优化，更好地服务于群众的精神文化需求，促进社会主义文化大发展大繁荣。评价可以帮助发现工作中的不足和问题，提出改进措施，进一步提高群众文化工作的质量和效果。同时，评价也可以发现工作中的亮点和成功经验，以便在今后的工作中加以借鉴和推广。通过不断地评价与反思，群众文化工作的创新和发展才能够得到保证。

三、反思与改进

（一）困难和挑战

在当前社会快速发展的背景下，群众文化工作的创新显得尤为重要。面对日新月异的社会环境，我们需要不断探索和实践，以适应时代的变化和人民群众日益增长的精神文化需求。然而，在创新实践中，我们不可避免地会遇到各种困难和挑战。这些挑战可能来自外部环境的制约，如政策调整、资金短缺、社会认知度不高等；也可能来自内部机制的不完善，如人才匮乏、管理混乱、创新动力不足等。面对这些困难和挑战，我们需要深入分析其产生的原因和背后的逻辑，以便更好地应对和解决。第一，我们要正视政策调整带来的影响。政策是引领群众文化工作创新的重要导向，政策的调整会影响到工作的方向和力度。因此，我们需要密切关注政策的变化，及时调整工作策略，确保群众文化工作始终与国家的政策导向保持一致。同时，我们还要积极争取政府和社会各方面的支持，为创新实践提供有力的政策保障。第二，关注资金短缺的问题。资金是群众文化工作创新的重要保障，缺乏资金支持将严重制约工作的开展。因此，我们需要积极探索多元化的资金筹集渠道，如政府拨款、企业赞助、社会捐赠等，确保创新实践有足够的资金支持。同时，我们还要合理利用现有资金，提高资金使用效益，避免浪费和滥用。第三，我们要提高社会认知度。群众文化工作的创新需要社会的广泛认可和支持，只有提高社会认知度，才能引发更多的关注和参与。因此，我们需要加强宣传推广，通过各种渠道和形式，让更多的人了解和关注群众文化工作的创新实践。我们还要积极组织各种活动，扩大群众文化工作的影响力，提高社会参与度。第四，我们还要应对人才匮乏的挑战。人才是群众文化工作创新的关键，缺乏优秀人才将严重影响工作的质量和效果。因此，我们需要加强人才队伍建设，通过引进、培养、激励等手段，提高人才的素质和能力。同时，我们要创造良好的工作环境，让人才充分发挥作用，为创新实践提供有力的人才支持。

在应对内部机制不完善的挑战时，我们需要重点关注管理混乱和创新动力不足的问题。管理混乱会导致工作效率低下，创新动力不足会使工作陷入停滞。因此，我们需要完善内部管理制度，提高管理水平，确保工作有序进行。另外，我们还要激发员工的创新意识，培养创新精神，营造良好的创新氛围，让每个人都能够积极参与到创新实践中来。在识别问题和困难的基础上，我们还需要进行原因分析和问题根源的查找。这需要我们运用系统思维和分析方法，从多个角度和层面进行深入剖析。我们可以从政策环境、资源配置、人才队伍建设、创新机制等方面入手，分析影响创新发展的关键因素和制约条件。通过深入查找问题根源，我们可以更加清晰地认识到创新实践中存在的不足和短板，从而为后续的改进和提升提供有针对性的指导和建议。反思与改进是群众文化工作创新过程中不可或缺的重要环节。通过深入分析实践中遇到的困难和挑战、识别存在的问题和不足以及进行原因分析和问题根源的查找，我们可以更加全面地了解创新实践的现状和问题所在，从而为后续的改进和提升提供有力的支撑和保障。同时，需要我们保持开放的心态和积极的态度，勇于面对问题和挑战，不断寻求新的解决方案和创新路径，推动群众文化工作创新不断向前发展。总之，群众文化工作的创新是一项长期而艰巨的任务，我们需要在实践中不断摸索和尝试，不断总结经验和教训，不断提高自身的创新能力和水平。

（二）改进策略与未来发展方向

在群众文化工作创新的反思与改进过程中，首先需要设定改进的目标和指导原则。这些目标和原则应当与社会主义核心价值观相结合，文化工作在满足人民群众需求的同时，还能够引导群众树立正确的历史观、民族观、国家观、文化观。改进的目标应包括提升文化活动的质量、扩大文化服务的覆盖面、增强文化创新的能力等，而指导原则则应强调文化工作的群众性、普及性、导向性和创新性。通过明确的目标和原则，可以确保改进工作具有清晰的方向和评价标准。作为群众文化工作创新的关键环节，制定改进策略和行动计划是不可忽视的。基于对现有群众文化工作创新实践的评估结果，应采取针对性的措施来优化工作流程，提升工作效率。在加强对文化工作者的培训方面，可以通过开展专业课程、举办培训班等方式，提高他们的专业能力和创新意识，使其更好地适应新时代的要求。同时，还可以改进文化设施的建设与管理，使之更好地服务于群众。例如，增加文化设施的数量和质量，提供更加舒适、安全和便利的环境，以提升群众的文化体验。此外，利用现代科技手段，如互联网、移动应用程序等，来拓宽文化服务的渠道也是一种有效的方式。通过网络平台，可以将文化活动、展览、演出等资源和信息传播到更广大的群众中去，使文化服务更加普及和便捷。行动计划的制定应当具体，具有可操作性，并且目标和指导原则相一致，以确保改进工作的顺利进行。具体来说，行动计划可以包括以下几个方面的内容：一是明确改进目标的具体实施步骤和时间节点，以保证改进工作有序推进；二是制定具体的工作计划和任务分解，明确责任人和工作职责，确保各项工作有人负责、有人监督；三是充分利用现有资源，如人力、物力、财力等，合理配置并进行有效管理，以提高工作效率；四是建立评估机制，及时对改进工作进行监测和评估，发现问题及时进行调整和改进。

（三）持续改进与优化

为了持续改进群众文化工作，我们需要建立一套持续改进的机制和体系。我们需要定期收集和分析群众文化工作的数据，了解当前工作的现状和存在的问题。通过数据分析，我们可以找出工作中的瓶颈和不足，为后续的改进提供依据。我们需要制定具体的改进措施，并定期评估这些措施的效果。这些措施可能包括优化工作流程、提高工作效率、加强团队建设、提升服务质量等。在实施改进措施的过程中，我们需要密切关注效果，及时调整策略，确保改进的有效性。我们需要不断优化评价方法和流程。群众文化工作的评价应该注重客观性和公正性，避免主观因素的影响。我们可以通过引入量化指标、使用先进的技术手段、建立多维度评价体系等方式，提高评价的准确性和可靠性。同时，我们还需要不断反思评价过程和结果，找出其中的不足和缺陷，为未来的改进提供参考。

为了实现群众文化工作的持续改进，我们需要建立一套完善的机制和体系。这个机制和体系应该包括以下几个关键要素：明确的目标、有效的沟通、合理的计划、科学的评估、及时的反馈和持续的改进。首先，我们需要明确群众文化工作的目标，并将这些目标细化为具体的指标和任务。这些指标和任务应该具有可衡量性、可操作性和可达成性，以确保我们的工作方向正确，避免偏离正轨。其次，我们需要建立有效的沟通机制，确保团队成员之间的信息畅通，及时了解彼此的工作进展和问题。通过良好的沟通，我们可以集思广益，共同解决问题，提高工作效率。在制定计划和执行任务的过程中，我们需要注重科学性和合理性，确保我们的工作有条不紊地进行。同时，我们还需要及时评估工作的效果和效率，找出存在的问题和不足，为后续的改进提供依据。我们需要建立及时的反馈机制和持续的改进体系。在工作中出现的问题和不足需要及时反馈给相关人员，以便及时调整和改进。同时，我们还需要定期回顾和总结工作中的经验和教训，不断优化我们的工作方法和流程，提高工作效率和质量。

为了确保改进措施的有效性，我们需要定期评估其效果。这个评估可以采取多种方式，如问卷调查、访谈、观察等。通过这些方式，我们可以了解团队成员对改进措施的满意度、工作效率的提高程度等。在评估过程中，我们需要关注改进措施的实际效果和预期效果的差距。如果差距较大，我们需要重新审视改进措施的有效性和可行性，及时进行调整和优化。同时，我们还需要总结经验教训，为后续的改进提供参考。

建立持续改进的机制和体系、定期评估改进措施的效果以及不断优化评价方法和流程是实现群众文化工作创新的重要手段。只有不断反思、总结和改进，才能不断提高群众文化工作的质量和水平，满足人民群众日益增长的文化需求。

第十章

结论与展望

　　在 21 世纪的今天，现代公共文化服务体系建设与群众文化工作创新研究已经成为我国社会发展和文化进步的重要课题。本书以此为主题，深入探讨了在新时代背景下，如何构建现代公共文化服务体系以及如何在此基础上开展群众文化工作创新。通过对相关理论的梳理、案例的分析以及未来发展趋势的展望，本书为我国公共文化服务体系建设与群众文化工作创新提供了有益的参考。首先，本书对现代公共文化服务体系的概念、特征、发展历程以及国际经验进行了系统梳理。在此基础上，分析了我国公共文化服务体系建设的现状、存在的问题和挑战以及新时代背景下人民群众日益增长的文化需求。本书提出，现代公共文化服务体系应当以人民为中心，坚持公平、普惠、便利、高效的原则，实现资源整合、跨界融合、创新驱动、可持续发展。其次，本书深入探讨了现代公共文化服务体系建设的关键环节，包括政策制度创新、服务内容创新、服务方式创新、技术创新、人才培养等。政策制度创新是保障公共文化服务体系建设的基石，服务内容创新是满足人民群众多样化文化需求的途径，服务方式创新是提高公共文化服务效能的关键，技术创新是推动公共文化服务现代化的手段，人才培养是保障公共文化服务体系可持续发展的重要条件。再次，本书通过案例分析，展示了我国在现代公共文化服务体系建设与群众文化工作创新方面的优秀实践。这些案例涵盖了不同地区、不同领域、不同类型的公共文化服务项目，为全书理论的阐述提供了有力支撑，并从实践出发，总结出了一批成功的经验与启示，为其他地区和单位提供了借鉴和参考。最后，本书对新时代我国现代公共文化服务体系建设与群众文化工作创新的未来发展趋势进行了展望。未来我国公共文化服务体系将更加注重智能化、个性化、品牌化、国际化，群众文化工作将更加注重创新、共享、融合、效能。在此基础上，本书提出了针对性的政策建议和发展策略，以期为推动我国公共文化服务体系建设与群众文化工作创新提供指导。现代公共文化服务体系建设与群众文化工作创新研究是一项长期而艰巨的任务。本书只是一个新的起点，我们希望借此引发更多关于这一课题的探讨和思考。在未来的发展过程中，我们需要不断学习、总结、创新，为我国公共文化服务体系建设与群众文化工作创新贡献自己的力量。

最后，我们要感谢所有为本书提供支持与帮助的单位和个人，感谢他们为我们提供了宝贵的意见和建议。同时，我们也要感谢广大读者，感谢他们给予我们的关注和厚爱。本书的不足之处，敬请读者批评指正。我们相信，在全社会共同努力下，我国现代公共文化服务体系建设与群众文化工作创新必将取得更为丰硕的成果，为全面建设社会主义现代化国家、实现中华民族伟大复兴的中国梦提供强大的文化支撑。谨以此书，献给所有关心、支持我国公共文化服务体系建设与群众文化工作创新的朋友们。愿我们共同为构建美好和谐的社会，为人民群众丰富多彩的文化生活而努力奋斗！

参考文献

［1］彭丽丽，彭松林.公共文化高质量发展：政策渊源、概念内涵与着力方向［J/OL］.图书馆，1-8［2024-02-28］.http：//kns.cnki.net/kcms/detail/43.1031.G2.20240228.0836.004.html.

［2］陈梦莹.公共图书馆的文化服务创新策略研究［J］.传播与版权，2024（04）：70-72.

［3］李国新."公共文化服务共同体"建设的引领示范意义［J/OL］.图书馆论坛，1-3［2024-02-28］.http：//kns.cnki.net/kcms/detail/44.1306.G2.20240219.1457.010.html.

［4］梁心怡，甘佩玄，陈雅.文化数字化战略下我国公共文化服务可及性要素研究热点定量分析［J/OL］.图书馆，1-8［2024-02-28］.http：//kns.cnki.net/kcms/detail/43.1031.G2.20240208.2128.026.html.

［5］尹倩.公共文化服务视野下的文化馆发展思考［J］.参花，

2024（05）：143-145.

　　[6]张帆,刘莉莉,张雯婧,等.以文化人以文惠民以文润城以文兴业 在推动文化传承发展上善作善成[N].天津日报,2024-02-08（003）.

　　[7]岳蕾娅.文化之光点亮"精神共富"之路[N].攀枝花日报,2024-02-06（001）.

　　[8]李雅娟.图书馆联盟建设推动公共文化服务协作发展模式与路径研究[J].河南社会科学,2024,32（02）：115-124.

　　[9]王丽华.边疆民族地区公共文化服务高质量发展的现实困境及路径优化[J].新西部,2024（01）：134-136.

　　[10]刘凡鋙.让人民群众享受到优质的文化服务[N].各界导报,2024-01-28（008）.

　　[11]王佳贤,李亦凡,栗国静,等.智慧服务视角下高校图书馆公共文化服务创新策略分析[J].才智,2024（04）：181-184.

　　[12]赵辰光,董玉琦,高克凡,等.社区工作者对城市社区公共文化空间再造的影响——基于L社区的案例研究[J].黑河学院学报,2024,15（01）：79-82.

　　[13]苏丹.博物馆释放公共文化服务效能[J].文化产业,2024（03）：121-123.